RETO FINK

DIE NEUE ART DER PAARBERATUNG

Geheimnisse für eine glückliche Beziehung – So bleibt ihr in Resilienz und meistert jede Herausforderung in der Partnerschaft

Inhaltsverzeichnis

Einleitung

Kommst du mit deinem Partner auch immer wieder an den Punkt, wo dein Verständnis an seine Grenzen stößt?

In solchen Momenten haben wir das Gefühl, nicht zu dem Menschen zu passen, dabei verstehen wir nur nicht, warum die Person so handelt, wie sie es eben tut.

Gerade bei Menschen in unserer nächsten Nähe sind wir der festen Überzeugung, sie zu kennen. Und doch kommt es immer wieder zu Streitigkeiten, die das Miteinander erschweren.

Kennst du das auch, dass durch Alltagsprobleme Stress in die Beziehung kommt?

Monotonie und Gewöhnung führen zu Problemen. Was in der Verliebtheitsphase noch selbstverständlich war, nämlich positive, angenehme, zärtliche Interaktionen, geht immer mehr zurück.

Die Lösung ist einfacher als du denkst.

Was wäre, wenn du die Antreiber, Werte und inneren Ziele deines Lebenspartners so gut kennen würdest, dass du ihn von Grund auf besser verstehst?

Wenn auch du gerne wieder eine harmonische, entspannte und glückliche Partnerschaft haben willst oder einfach auf die nächste Beziehung vorbereitet sein willst, dann darfst du dir das hier nicht entgehen lassen.

In diesem brandneuen Kindle zeige ich dir die Geheimnisse einer glücklichen Beziehung und wie ihr jede Herausforderung in der Partnerschaft meistert.

Seitdem ich mich selber mit einem einzigartigen Tool beschäftige, bin ich wieder im Dialog mit mir selbst und mit meiner Partnerin. Wir sind wieder in der Lage, so miteinander umzugehen, wie es der jeweils andere braucht.

Stelle dir ein Leben vor, in dem für die Menschheit Scheidungen nicht mehr nötig sind, weil alle mit ihrem ultimativen Wunschpartner eine glückliche, stressfreie und harmonische Beziehung ausleben können und dabei ihre eigenen Bedürfnisse befriedigt werden.

In meinem kurzen Webinar erfährst du mehr dazu. Hier kannst du dich direkt anmelden: https://paarberatung-schweiz.ch

Ziel dieses Buches

Das Ziel dieses Buches ist es, dass es für dich möglich ist, deine eigenen Werte, Bedürfnisse und Potenziale besser kennenzulernen. Du wirst nach dem Lesen in der Lage sein, dich selbst ernst zu nehmen, damit du in der Beziehung glücklich sein kannst.

Es wird dir gelingen, Verantwortung für deine Zufriedenheit in der Partnerschaft zu übernehmen und dadurch wird die Beziehung auf ein höheres Level gehoben.

Ich möchte dich auf einfache Art und Weise unterstützen und weiterbringen. Durch das Erkennen der eigenen Stärken und Schwächen möchte ich dir aufzeigen, wie du mehr Verständnis und Einfühlungsvermögen für dein Gegenüber gewinnen kannst.

Der Kern dieses Buches ist das oben kurz erwähnte "geheimnisvolle" Tool, mit dem ich schon seit Jahren arbeite und das ich als kompletten Game Changer in Sachen Beziehungen erfahren durfte. Deshalb möchte ich diese Möglichkeit auch an dich weitergeben und dir erklären, wie dieses großartige Tool dein Leben und deine Beziehungen - ob privat oder geschäftlich - auf eine neue Ebene heben kann. Natürlich gehe ich in diesem Buch aber mehr auf die Paarbeziehung ein.

Ein paar wenige Worte möchte ich noch zu mir sagen, damit du dir ein grobes Bild davon machen kannst, wer hier mit dir spricht.

Mein Name ist Reto Fink, ich bin 43 Jahre alt, verheiratet und habe mit meiner Frau 2 wundervolle Kinder. Ich begleite Menschen dabei, erfüllende Beziehungen zu führen, mit sich selbst und mit ihrem Partner. Die Schwerpunkte meiner Arbeit sind Themen rund um Beziehungen, Partnerschaften und Persönlichkeitsentwicklung. Mein Antrieb für meine Arbeit liegt darin, Menschen darin zu unterstützen, ihr Potenzial zu entfalten und ein glückliches Leben zu führen. Mehr zu mir findest du am Ende des Buches.

Lass' uns also direkt in das hochspannende Thema der Beziehungen und des Lebens starten!

Kapitel 1: Stärke deine Selbstliebe und lebe deine Einzigartigkeit

Interessierst du dich für dich selbst?
Wenn ich dir diese Frage stellen würde, was würdest du mir antworten?
Würdest du sagen, dass du dort stehst, wo du stehen willst und ein Leben lebst, das dir entspricht?

Wir befinden uns in einer Zeit, in der sich immer mehr Grenzen auflösen und die Menschlichkeit zunehmend verloren geht. Wie selbstverständlich werden Prozesse und Menschen stetig optimiert, nicht selten um jeden Preis und häufig bis zum bitteren Ende.

Jede zweite Ehe wird geschieden und manche fast so schnell, wie sie geschlossen wurden.

Immer mehr Menschen verlieren sich beim Versuch, vieles gleichzeitig anzugehen und vermeiden dabei zugleich, sich auf das Wesentliche zu konzentrieren.

Sie stehen nicht mit sich im Dialog und vergessen die entscheidenden Fragen:

- Wer bin ich?
- Was sind meine Bedürfnisse und Werte?
- Was ist für mich möglich und nötig?

Menschen und Partnerschaften verlieren sich, weil sie diese Frage für sich entweder gar nicht oder falsch beantworten.

Wer sein Leben in Gesundheit, Glück, Zufriedenheit und beständiger Leistungsfähigkeit gestalten will, wer überhaupt leben will und nicht nur funktionieren, der kommt nicht umhin, sich die Frage nach sich selbst zu stellen.
Nur wer ein Leben lebt, das ihm auch in seinem Wesen entspricht, kann gesund und zufrieden sein, und wer sich selbst finden will, der kann dies nur, wenn er sich auf die Suche nach seiner inneren Wahrheit des Lebens macht.

Viele, die sich auf die Suche nach sich selbst und einer glücklichen Partnerschaft machen, tun dies nur halbherzig, weil sie Angst haben, herauszufinden, was tatsächlich ist.

Der zu werden, der man ist erfordert Mut, Kraft, Stärke und Vertrauen.
Identität entsteht niemals über Nacht. Gerade dann nicht, wenn man jahrelang ein Leben fern von sich selbst gelebt hat. Der Weg zu sich selbst und damit zu einer glücklichen und entspannten Beziehung ist immer eine Reise.

Das geheimnisvolle Tool, das ich weiter oben schon erwähnt habe, nennt sich Motivation-Profile und ist für diejenigen, die sich von all ihren Zwängen und Unterdrückungen befreien wollen, die tief in sich spüren, dass die Kraft im eigenen Wesen liegt und dass das Leben gut ist, wenn man es in seinem Wesen erkennt und dementsprechend lebt. Es ist für diejenigen, die ihren Blick für das Wesentliche öffnen wollen, um am Ende ihres Lebens zufrieden zurückzublicken im Wissen: Das war ICH, ICH habe gelebt!

Beziehungsfähigkeit und Beziehungsqualität beginnt immer bei sich selbst.
Am schönsten ist es, wenn ein Paar eine gemeinsame Perspektive und ein neues Leben findet, wo beidseits die Bedürfnisse gestillt werden.

Hast du dich schon gefragt, ab wann Menschen wirklich bereit sind, sich und ihr Leben infrage zu stellen?
Bei den meisten ist dies leider erst dann der Fall, wenn sie beginnen an körperlichen Krankheiten zu leiden oder wenn sie eine zunehmende Unzufriedenheit und innere Leere verspüren. Meist wird in unserer Gesellschaft die Frage nach sich selbst, erst unter grösster Bedrängnis gestellt. Die wenigsten machen sich vorher bewusst Gedanken über die eigene Wahrheit und das eigene Wesen. Wer fragt sich schon in jungen Jahren, ob das, was er tut, ihm auch tatsächlich entspricht. Und wer stellt sich diese Fragen im Alltag seines Lebens, ohne dass es ihm wirklich schlecht geht?

Die meisten von uns sind der Überzeugung, dass alles in Ordnung ist, solange keine massiven Symptome auftreten und dass das, was sie wollen auch richtig ist. Es ist richtig, weil man es ja schließlich auch will. Doch wer ist sich schon bewusst, dass die inneren Inhalte des Wollens keine Garantie dafür sind, dass sie aus dem eigenen Wesen entspringen?

Der überwiegende Teil von uns lebt sein Leben in bester Absicht und Überzeugung und dennoch geschieht es, dass viele von uns dann irgendwann feststellen, dass sie sich im Laufe der Jahre ihres Lebens verloren oder möglicherweise noch nie wirklich gefunden haben. Nicht wenige funktionieren dann in einem Leben, das nicht das ihre ist und leben, ohne wirklich gelebt zu haben.

Wer leben will, der kann dies nicht ohne sich tun.

Nutze dieses Buch und fange an, dein Leben zu reflektieren.
Mache eine Motivanalyse über dich.

Wenn du es eilig hast, kannst du in einem kostenlosen Telefongespräch mit mir vieles über dieses einzigartige Tool erfahren. Natürlich liefert aber auch dieses Buch schon extrem viele wertvolle Inhalte, die du nicht verpassen solltest!

Hier kannst du dir deinen Termin direkt sichern:
https://calendly.com/finkreto/30min

Wer seine Werte und Neigungen kennt, der kann sein Verhalten besser verstehen und kommt dadurch auch mit anderen Menschen, insbesondere mit seinem Partner, viel besser klar. Die Motivanalyse zeigt uns, aufgrund eines persönlichen Tests, welches unsere Hauptmotivatoren sind und führt so die verborgenen Verhaltensweisen vor Augen.
Dies bringt mehr Verständnis für sich selber und den Partner und damit mehr Freude und Leichtigkeit ins Leben.

Wo stehe ich gerade und wo möchte ich hin?

Diese Frage ist sehr wichtig, denn es ist sehr hilfreich, zu wissen, wo du gerade stehst und wo du genau hin möchtest in deinem Leben. Dieses Auseinandersetzen mit sich selbst kann schmerzhaft sein, denn nicht immer sind wir glücklich damit, wie sich unser Leben entwickelt hat und was aus uns geworden ist.

Vielleicht aber bist du auch mit deinem Leben zufrieden und hast eine erfüllende Beziehung, einen erfolgreichen Job, eine wundervolle Familie und tolle Freunde, ein Hobby, das dir Spass macht - und trotzdem ist da etwas in dir, das sagt:
«Ich will noch mehr, ich bin bereit, mich noch besser kennenzulernen!»

Die Tatsache, dass du den Mut aufbringst, dich und dein Leben mit neuen Augen zu betrachten und dich auf die Suche nach deinen Werten, Bedürfnissen, Lebensträumen und Potenzialen zu machen, damit du dein Leben vollkommen leben kannst, verdient Anerkennung.

Orientiere dich bei einer Neuausrichtung deines Lebens an dir selbst, deinen Träumen, Motiven, Bedürfnissen und Vorstellungen. Sei deine eigene gute Fee oder dein eigener guter Zauberer und erfülle dir deine Wünsche selbst.

Das Wissen um deine Herzenswünsche und Werte ist essentiell, um dein Leben selbst in die Hand zu nehmen und so auf Kurs zu bringen, wie es dir wirklich entspricht und gut tut.

Das Reiss-Motivation-Profile mit deinen persönlichen 16 Lebensmotiven soll dich auf dieser spannenden Reise begleiten. Es wird dich unterstützen, dir und deinen Bedürfnissen und Werten näher zu kommen, damit du ab jetzt ein erfülltes Leben führen kannst.
Finde heraus, was wirklich von dir kommt und was du möglicherweise nur von deinem gesellschaftlichen und familiären Umfeld übernommen hast und was vielleicht auch gar nicht mehr zu deinem Leben passt.

Lebe dein Leben bewusst, raumgreifend, direkt und ohne Wenn und Aber.
Statt Entscheidungen oder Veränderungen auf ein Morgen zu vertagen, lebe konsequent im Hier und Jetzt. Nimm deine Wünsche selbst in die Hand, statt zu warten, dass sich jemand anderes dieser annimmt. Habe den Mut und motiviere dich dazu, deine Herzenswünsche anzugehen. Du bist der Experte für dich selbst und nur du hast die Möglichkeit und die Kraft, etwas zu verändern.

Am schwierigsten zu verarbeiten sind Entscheidungen, bei denen wir uns für das Unterlassen entscheiden. Nichts zu tun scheint also etwas zu sein, das Menschen am meisten bereuen.
Du kannst mit dem, was dir jetzt in deinem Leben zur Verfügung steht, das bestmögliche Leben für dich kreieren. Dafür ist es wichtig, dass du dich als treibende Kraft wahrnimmst und auch als solche akzeptierst. Du kannst etwas ganz Besonderes für dich kreieren, wenn du auf dich und deine Stärken vertraust und die Verantwortung für dein Denken und Handeln übernimmst.

Das Motivation-Profile mit deinen persönlichen 16 Lebensmotiven soll dir helfen zu erkennen, in welche Richtung das Ganze gehen soll.
Hier kannst du dich direkt zum kostenlosen Webinar eintragen:
https://paarberatung-schweiz.ch

Umwege erhöhen zwar die Ortskenntnis, doch schließlich willst du ja irgendwann einmal ankommen.

Ich wünsche dir, dass du erkennst, dass dein Leben kein Zufall ist, denn du bist der Macher deines Lebens! Dein Leben wartet darauf, dass du an dich glaubst.
Du wählst, wer du sein möchtest und welches Leben du dir erschaffen willst. Mache es zu deiner größten Priorität, dich jetzt schon gut zu fühlen!

Lebensträume können ganz unterschiedlich aussehen. Träumen kann dir auf wunderbar leichte Weise dabei helfen, dir ein Leben zu erschaffen, das zu deinen Wertvorstellungen und Wünschen passt. Wenn es dir gelingt, deine Lebensträume mit der Realität abzugleichen, sind sie ein guter Kompass bei einer erfolgreichen und zufriedenstellenden

Lebensführung. Dazu ist zuallererst aber wichtig, dass du deine Werte und Lebensträume klar benennen und einordnen kannst, denn schließlich willst du ja wissen, wo die Reise hingehen soll.

Dein persönliches Motivation-Profile bringt dich dazu, dich selbst zu reflektieren, um deinen Werten und Bedürfnissen auf die Spur zu kommen und zeigt dir deinen individuellen Weg, deinen Lebensträumen aus verschiedenen Richtungen näher zu kommen.

Wir senden Raketen zum Mars, doch haben die Kunst der lebendigen Beziehung noch nicht ansatzweise wertschätzen und verstehen gelernt, und das obwohl lebendige Beziehungen die Grundlage von allem Leben sind. Es lohnt sich so sehr, in sie zu investieren. Sie ist jeden Schweisstropfen und jedes heisse Gespräch wert.

Meist gehen wir mit einer langen Wunschliste in eine Beziehung und wünschen uns eine großartige Partnerschaft. Dabei sollten wir uns stattdessen eher fragen:

Bin ich denn bereits ein großartiger Partner, eine großartige Partnerin?

Wenn du dir eine wirklich großartige Beziehung wünscht, ist es wichtig, dich zuerst selbst zu fragen, ob du bereits darauf vorbereitet bist.

Wenn nicht, fang heute an. Die Liebe kann wahrhaftig Liebenden nicht widerstehen.

Ihr lieben Menschen, wo auch immer ihr gerade seid, ich finde jeder von uns ist auf seine eigene Art und Weise etwas ganz Besonderes auf dieser Welt und das macht es so wunderbar.

Mein Herzenswunsch ist es, dass jeder Mensch sein Leben so leben kann, wie es ihm entspricht.

Dein Leben ist so einzigartig und wunderbar - mache es zu deinem persönlichen Meisterwerk.

Kapitel 2: Das Reiss Motivation Profile

Grundlagen/Beschreibung

Anders als bei vielen Persönlichkeitstests, die vorwiegend beschreiben, wie ein Mensch sich verhält, geht das Reiss Motivation Profile einen Schritt tiefer und wirft einen Blick unter die Oberfläche menschlicher Verhaltensmuster.
Das Reiss Motivation Profile beschreibt, welche Motive in unserem Leben Antrieb für unser

Handeln sind – sozusagen die Motoren unseres Verhaltens.
Es geht darum, zu werden, wer wir sind.

Aber wissen wir das immer?

Oft verstehen wir Themen, die wir mit uns herumtragen, in der Replik und denken: »Wenn ich damals gewusst hätte, was ich heute über mich weiss….» Genau da kannst du jetzt ansetzen, denn wenn du weisst, was dich wirklich antreibt, kannst du dein Leben entsprechend gestalten.

Für Steven Reiss gab es eine Frage im Leben, das er beantworten wollte: Warum sind Menschen, wie sie sind und wie schaffe ich es, ihr Verhalten zu verstehen und vorhersagen zu können?

Anhand dieser Frage entwickelte er das Reiss Motivation Profile, das in der Lage ist, die jeweiligen fundamentalen Ziele und Werte eines Menschen sichtbar zu machen. Bis heute hat dieses dabei entstandene Persönlichkeitsprofil unzählbar vielen Menschen dabei geholfen, sich und andere besser zu verstehen.

Er reduzierte die psychologisch bedeutsamen Motive auf 16 Grundwerte. Die individuelle Bewertung dieser 16 Lebensmotiven ergibt im Gesamten ein Bild, das erkennen lässt, welche Verhaltensweisen intrinsisch motiviert sind, also was jemand um seiner selber willen tut. Das bedeutet, jeder Mensch, der seine Ergebnisse des
Reiss Motivation Profile bekommt, sieht, warum er bestimmte Handlungen als sinnvoll erachtet und kann aus der Kombination seiner eigenen, persönlichen und individuellen
16 Lebensmotiven seine Potenziale entdecken und ausleben.

Beispiel eines Ergebnisses aus einer Motivationsanalyse:

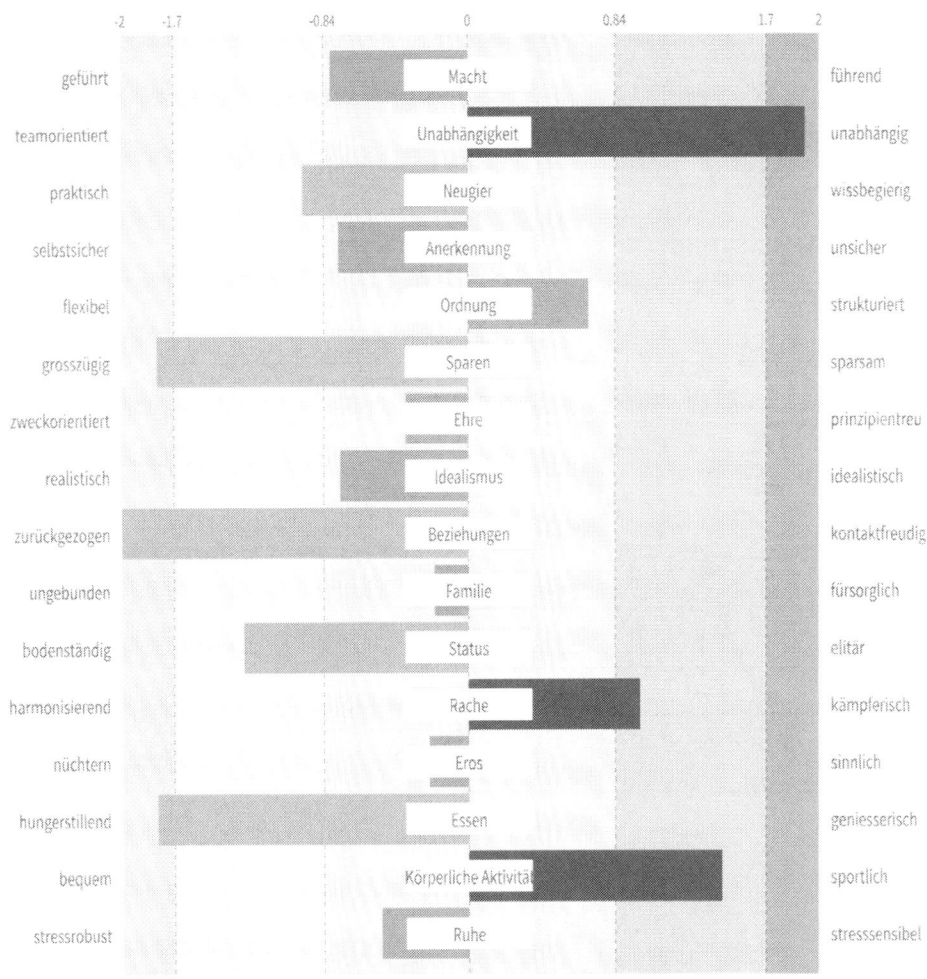

Jedes Lebensmotiv ist ein Leistungsmotor. Eine besonders starke (dunkelblaue) bzw. geringe (hellblaue) Ausprägung der Lebensmotive steht für einen starken Antrieb.
Die Kombination ausgeprägter Lebensmotive bestimmen die Persönlichkeit!

Das Motivationsprofile erklärt die Persönlichkeit eines Menschen als Gewohnheit, durch die der Mensch lernt, seine Lebensmotive, seine psychischen Bedürfnisse und seine Wertvorstellungen umzusetzen.

Die 16 Motive benannte Steven Reiss als Grundmotive, die das Verhalten jedes Menschen prägen. Unterschiede zeigen sich in der Ausprägung der Motive. Ist sich ein Mensch, der ihn dominierenden Motive bewusst und kann er diese ausleben, so besteht für ihn eine grössere Chance auf beruflichen Erfolg und persönliches Glück.
Menschen bewerten Handlungen und Reaktionsweisen anderer immer vor dem Hintergrund der eigenen Motiv- und Wertestruktur. Begegnen sich Menschen mit stark unterschiedlich

ausgeprägten Persönlichkeiten, kommt es früher oder später zu unreflektierten Bewertungen, Missverständnissen oder Konflikten.

Vor diesem Hintergrund gleicht Reiss' Ansatz einem Paradigmenwechsel, der nicht nur eine völlig neue Sicht auf die Persönlichkeit liefert, sondern auch eine hervorragende Basis für mehr Toleranz, Respekt und Selbstakzeptanz im Umgang miteinander schafft.

Das Motivation Profile beruht auf evaluierten, wissenschaftlich validen Untersuchungen zu der Frage, was Menschen motiviert. Menschen überall auf der Welt scheinen unabhängig von ihrer Kultur durch dieselben 16 Grundbedürfnisse motiviert zu sein, obwohl sie dabei möglicherweise unterschiedliche Prioritäten haben und sie auf unterschiedliche Weise befriedigen. Die 16 Grundbedürfnisse sind die Triebkräfte für die Seele des Menschen, Motive für das Verhalten und die Persönlichkeitsmerkmale.

Persönlichkeitsmerkmale sind Gewohnheiten, die Menschen entwickeln, um ihre Bedürfnisse zu befriedigen. Alle Menschen haben alle 16 Grundbedürfnisse, aber jeder einzelne misst ihnen eine unterschiedliche Priorität zu. Welchen Wert ein Individuum jedem der 16 Grundbedürfnisse zuordnet, man bezeichnet es als Reiss Motivation Profile, verrät etwas über seine Wertvorstellungen und seine Persönlichkeitsmerkmale.

Wenn ich weiss, welchen Wert ein Mensch den 16 Grundbedürfnissen beimisst und wie er sie zu einem Ganzen vereint, kann ich mit statistisch bedeutsamer Validität (Gütekriterium für Testverfahren) die Persönlichkeitsmerkmale, die Wertvorstellungen, die Beziehungen und das Verhalten in Situationen des realen Lebens vorhersagen.

Das Reiss Motivation Profile liefert eine detaillierte Beschreibung der menschlichen Motivation. Es zeigt detailliert die Zusammenhänge zwischen Motiven, Wertvorstellungen und vielen Persönlichkeitsmerkmalen auf. Das Testverfahren Reiss Motivation Profile, das er mit seinem Team entwickelt hat und mit dessen Hilfe sich ein genaues Profil der individuellen Persönlichkeit darstellen lässt, hat sich weltweit als ein unverzichtbares Analyse Instrument etabliert, beispielsweise in der Potenzialanalyse, der Paarberatung, dem Führungstraining, der Teamentwicklung und dem Coaching. Es findet überall dort Anwendung, wo Menschen eine bessere Lebensqualität und Leistungsfähigkeit aus der Erkenntnis ihrer eigenen individuellen Persönlichkeit heraus anstreben.

Das Reiss Motivation Profile ist für deine Zukunft und langfristigen Ziele ein Wegweiser, der dir den Weg zu mehr Erfolg, Wohlstand, absoluter Zufriedenheit, Gesundheit und Glück zeigt.

Du wirst lernen, wie du dich selbst akzeptierst und sogar Kritik und Ablehnung als Antrieb Macher für deine tägliche innere Motivation nutzen kannst. Mit dem Wissen der eigenen 16 Lebensmotive wirst du außerdem lernen, wie du diese Motivation nach Außen trägst und so der selbst sicherste Mensch in deinem Umfeld wirst.

Die richtigen Ziele geben dir Sicherheit und Selbstsicherheit auf deinem Lebensweg.

Sie weisen dir in jeder Lebenslage den Weg und helfen dir, auch in schwierigen Zeiten deinen Kurs nicht zu verlieren.

Durch das Wissen der eigenen Lebensmotive kannst du dich wieder auf den Erfolgsweg bringen und dir die Grundlagen deiner Persönlichkeit aufzeigen lassen, damit du das Beste für dich und dein Leben herausholen kannst.

Hier kannst du direkt einen Termin für ein kostenloses Gespräch mit mir buchen, wo ich dir noch mehr über dieses einzigartige Tool erzählen werde: https://calendly.com/finkreto/30min

Forschung

Es gibt wohl kaum einen Wissenschaftler, der die individuelle Persönlichkeit ähnlich intensiv erforscht hat, wie der amerikanische Psychologe Professor Dr. Steven Reiss.
Er hat die 16 Lebensmotive ermittelt und beschrieben, wie grundlegend diese die individuelle Persönlichkeit bestimmen.

Während Psychologen bisher von wenigen verschiedenen Trieben ausgehen, die den Menschen bestimmen und jeweils sehr dominant sind, hat Steven Reiss in seinen empirischen (methodisch systematische Sammlung von Daten) Untersuchungen eine Vielzahl von Faktoren identifizieren können. Was bisher fehlte war ein System, das der menschlichen Vielfalt Rechnung trägt, was die Motive des Handelns betrifft.
Menschen sind in dem «Ticken» zu unterschiedlich, als dass sich dies durch wenige Triebe erklären liesse.

In einer Reihe von neun grossen Untersuchungen mit insgesamt über 8000 Männern und Frauen erforschte Reiss, welche psychologischen «Endmotive», die Reiss später Lebensmotive nannte, den Menschen letztlich antreiben.
Die Lebensmotive, die Steven Reiss identifiziert hat, sind das Ergebnis dieser aufwendigen, wissenschaftlichen Forschung.

«Wir haben uns erstmals in wissenschaftlichen Studien mit der Frage beschäftigt, was einzelne Menschen bewegt.», so Reiss. Das Ergebnis ist ein Durchbruch in der Motivationsforschung, denn mit ihm ist man in der Lage, das, was Menschen antreibt, also ihre individuellen Bedürfnisse und Motive des Handelns, sehr genau zu beschreiben.

«Die Bedeutung der einzelnen Motive ist bei den Menschen unterschiedlich stark ausgeprägt», so der Psychologe.

Glücklich und zufrieden ist der Mensch, wenn seine individuellen Bedürfnisse befriedigt werden.

Was steckt dahinter?

Wissenschaftlich fundiert mittels Faktorenanalyse (mittlerweile wurden zehntausende Profile aus vielen Ländern der Welt ausgewertet) lassen sich anhand des Reiss Motivation Profile 16 Lebensmotive unterscheiden.

Von den vielen Listen grundlegender Motive und Absichten in der Psychologie unterscheiden sich die 16 Lebensmotive, weil sie auf einer breiten empirischen Grundlage und den Untersuchungen von tausenden Menschen beruhen.

Die 16 Lebensmotive wurden streng empirisch ermittelt, basieren auf faktorenanalytischen Auswertungen und konnten in zahlreichen Folgestudien auch kulturübergreifend bestätigt werden.

Diese 16 Lebensmotive sind voneinander unabhängige Dimensionen
(Faktoren), die einen hohen Erklärungswert in Bezug auf menschliches Verhalten aufweisen und auch eine hohe Vorhersagbarkeit von Verhalten besitzen.
Jeder Mensch hat also, wie auch jeder seinen genetischen «Fingerprint» hat, einen Motivations-Fingerprint. Die verschiedenen Lebensmotive sind bei jedem Menschen in einer ihm eigenen Art und Weise kombiniert und stärker oder geringer ausgeprägt. Es wird somit der Individualität des Menschen Rechnung getragen und nicht versucht, Menschen diesen Typologien zuzuordnen.

Über den Gründer Dr. Steven Reiss

Der US Psychologe Steven Reiss (1947 – 2016) hat viele Jahre als Professor an der Ohio State University seine wissenschaftliche Arbeit darauf ausgerichtet, mehr über das Funktionieren von Menschen zu erfahren. Durch eine Reihe von wissenschaftlichen Studien identifizierte er 16 grundlegende Bedürfnisse von Menschen. Seine Forschungsarbeiten wurden in dutzende Sprachen übersetzt und durch zahlreiche Auszeichnungen gewürdigt.

Was brauche ich, um glücklich zu sein?

Steven Reiss unterscheidet zwei Arten von Glück. Wir finden eine Unterscheidung zwischen «feel-good-happiness» (Wohlfühlglück) und «value-based-happiness» (werteorientiertes Glück).

Unter Wohlfühlglück versteht Steven Reiss die Bestrebungen eines Menschen, möglichst schnell ein gutes Gefühl herzustellen und darin Sinn zu finden. Im Gegensatz dazu bedeutet werteorientiertes Glück, den Sinn des eigenen Tuns gefunden zu haben und sein Leben nach den eigenen Werten und Motiven auszurichten. Menschen, die werteorientiertes Glück empfinden, haben das Gefühl, ihr Leben ist sinnvoll. Werteorientiertes Glück erfahren manche Menschen, wenn sie eine glückliche Partnerschaft führen, wenn sie ihre Ziele verfolgen, wenn sie ihre Kinder aufziehen, etc. Werteorientiertes Glück kann sogar

empfunden werden, wenn das Wohlfühlglück abhanden gekommen ist.

Viele Menschen mit schweren Krankheiten können kaum Wohlfühlglück, also Freude, Spass oder Unterhaltung erleben, was für die meisten von uns zum Leben dazugehört. Aber sie können vielleicht werteorientiertes Glück finden, in dem Sinne, dass das eigene Leben einen Sinn hat.

Kapitel 3: Entdecke deine Potenziale anhand der 16 Lebensmotive

Jedes der dargestellten Motive kann nun bei einem Menschen stark, durchschnittlich oder gering ausgeprägt sein. In der Folge werden die einzelnen Motive detailliert beschrieben. In meinen Beschreibungen konzentriere ich mich auf die stark ausgeprägten und die gering ausgeprägten Motive.

Durch das absolvieren deines persönlichen Motivation Profile, bist du in der Lage herauszufinden, ob du deine starken oder geringen Ausprägungen deiner Lebensmotive, auch wirklich ausleben kannst oder nicht.

MACHT, das Bedürfnis nach Einfluss, Erfolg, Leistung und Führung

Menschen mit einem stark ausgeprägten Lebensmotiv Macht setzen gerne ihren Willen durch und mögen es, Einfluss auf andere sowie auf ihre Umgebung auszuüben. Menschen mit einem stark ausgeprägten Lebensmotiv Macht mögen es üblicherweise, andere Menschen zu führen, sie übernehmen gerne Verantwortung. Sie verhalten sich öfter dominant und durchsetzungsstark. Oder sie geben anderen gerne Ratschläge, selbst Fremden. Üblicherweise setzen sie sich für das ein, woran sie glauben. Führungsaufgaben stellen eine gute Möglichkeit dar, den Wunsch nach Macht zu befriedigen, denn die meisten übernehmen gerne Verantwortung.

Normalerweise übernehmen sie auch gerne das Kommando, sowohl privat als auch beruflich. Es kann sein, dass sie es mögen, anderen zu sagen, was sie tun sollen und wie sie es tun sollen. Viele dominieren sogar Gespräche und neigen dazu, besonders laut zu sprechen, sodass auch an einem Gespräch Unbeteiligte sie nicht überhören können. Viele sind ambitioniert und streben danach, herausragende Leistungen zu erbringen.

Menschen mit einem stark ausgeprägten Lebensmotiv Macht neigen dazu, gerne sehr lange und viel zu arbeiten und fast alles andere in ihrem Leben hintanzustellen. Herausforderungen Widrigkeiten entmutigen sie in der Regel nicht, sondern führen meist dazu, dass sie noch härter arbeiten. Das Verfolgen der wichtigsten Ziele wird von ihnen meist beharrlich vorangetrieben. Üblicherweise schätzen sie Kompetenz, Produktivität und Exzellenz. Für viele mit einem stark ausgeprägten Lebensmotiv Macht ist es bedeutsam, ihre Fähigkeiten konsequent zu verbessern. Sie haben ein starkes Bedürfnis nach Kompetenz und Können, das sich meist auf mehrere Lebensbereiche erstreckt.

Menschen mit einem stark ausgeprägten Lebensmotiv Macht können auch als autoritär, dominierend und manipulativ wahrgenommen werden.

Manche übertreiben ihren Ehrgeiz so sehr, dass sie zu Workaholics werden oder sich so sehr auf die Arbeit konzentrieren, dass sie ihre Gesundheit vernachlässigen.

Wenn sie unter Druck geraten, neigen durchsetzungsstarke Menschen dazu, die Verantwortung an sich zu ziehen. Manche arbeiten dann noch mehr. Ein paar agieren auch dominant, kontrollierend und üben Druck aus.

Menschen mit einem stark ausgeprägten Lebensmotiv Macht interessieren sich eher für eine Karriere, die Führungsfähigkeiten erfordern, den Willen zu harter Arbeit belohnt und durch die sie gefordert werden. Umgekehrt interessieren sie sich kaum für Assistenzaufgaben oder eine Karriere, die ihnen die Möglichkeit zur Verantwortungsübernahme nicht bietet.

Menschen mit einem gering ausgeprägten Lebensmotiv Macht mögen es nicht, Einfluss auf andere auszuüben, andere Menschen zu führen oder ihnen Ratschläge zu erteilen.

Es kann sein, dass sie beruflich eher unterstützende Rollen bevorzugen, lieber im Hintergrund bleiben möchten und anderen die Führungsrolle überlassen. Viele erfüllt es mit Stolz, andere derart zu unterstützen, sodass diese mit ihrer Hilfe ihren Job erfolgreich erledigen können.

Menschen mit einem gering ausgeprägten Lebensmotiv Macht verhalten sich meist zurückhaltend und wenig beeinflussend. Es ist ihnen auch unangenehm, Ratschläge zu geben oder die Richtung vorzugeben. Üblicherweise mögen sie es nicht, wenn sie in eine Führungsrolle gedrängt werden, in der andere Anleitung von ihnen erwarten, möglicherweise löst dies auch Stress Gefühle bei ihnen aus.

Viele mit einem gering ausgeprägten Lebensmotiv Macht versuchen, eine Balance zwischen ihrer beruflichen Laufbahn und anderen Aspekten des Lebens zu schaffen.

Es kann auch sein, dass es für sie nicht so wichtig ist, Karriere zu machen.

Menschen mit einem gering ausgeprägten Lebensmotiv Macht werden persönliche Erfolge schätzen, aber nur, wenn diese mit angemessenem Aufwand erreicht werden können.

Manche setzen sich leicht erreichbare Ziele, um sich für andere Interessensgebiete frei zu spielen. Manche werden sogar als zu entspannt und lässig wahrgenommen.

Viele Menschen mit einem gering ausgeprägten Lebensmotiv Macht wollen nicht die Verantwortung dafür übernehmen, was mit anderen Menschen geschieht. Üblicherweise übernehmen sie wohl die Verantwortung für sich selbst, finden aber auch, dass jeder seine eigenen Entscheidungen treffen muss und aus eigenen Fehlern lernen sollte. Manche sind sehr geduldig im Umgang mit anderen und setzen wenig Erwartungen in andere.

Unter Druck verhalten sich manche Menschen mit einem gering ausgeprägten Lebensmotiv Macht passiv beobachtend und zurückhaltend, anstatt zu intervenieren.

So würden sie sich beispielsweise bei Menschen, die ihnen viel bedeuten, auch dann nicht einmischen, wenn diese gerade dabei sind, eine sehr unkluge Karriereentscheidung zu treffen.

Menschen mit einem gering ausgeprägten Lebensmotiv Macht bevorzugen geregelte Arbeitszeiten, die ihnen ausreichend Zeit für ihre Freizeitbeschäftigungen ermöglichen.

Auch ein Beruf, der ihnen Führungsverantwortung abverlangt, wird sie weniger interessieren.

Absolviere auch du dein persönliches Motivation Profile und entdecke deine Potenziale und Bedürfnisse beim Motiv Macht.

UNABHÄNGIGKEIT, das Bedürfnis nach Freiheit und Autonomie

Menschen mit einem stark ausgeprägten Lebensmotiv Unabhängigkeit genießen ihre Unabhängigkeit und persönliche Freiheit mehr als die meisten Menschen. Sie haben ein grosses Bedürfnis nach persönlicher Freiheit und Selbstbestimmung. Sich frei zu fühlen ist vielen ein großes Anliegen. Sie mögen es nicht, auf andere Menschen angewiesen zu sein und machen die Dinge daher lieber alleine, ohne Hilfe von anderen.

Üblicherweise gehören Menschen mit einem stark ausgeprägten Lebensmotiv Unabhängigkeit zu jenen, die sich lieber auf sich selbst verlassen. Viele mögen es nicht, vom Geld und/oder der Unterstützung anderer abhängig zu sein. Menschen mit einem stark ausgeprägten Lebensmotiv Unabhängigkeit bevorzugen es, auf eigenen Beinen zu stehen. Normalerweise mögen sie es auch nicht, anderen einen Gefallen zu schulden.

Viele weisen die Menschen, die ihnen helfen wollen, zurück, obwohl diese es gut meinen. Doch damit schränken wohlmeinende Helfende das Bedürfnis nach Selbstbestimmung ein.

Im Beruf erleben viele Abhängigkeit von anderen oftmals als schwierig, so z.B. wenn man auf die Entscheidung eines anderen angewiesen ist oder von der Kooperation von Menschen oder Abteilungen abhängig ist. Ihnen ist es lieber, die Dinge allein zu erledigen.

Berufliche Selbständigkeit ist daher durchaus ein denkbarer Weg, das Motiv zu leben.

Falls Menschen mit einem stark ausgeprägten Lebensmotiv Unabhängigkeit in einem Team arbeiten, ist es ihnen lieber, über eigene Verantwortlichkeiten und Entscheidungsbefugnisse zu verfügen.

Üblicherweise mögen Menschen mit einem stark ausgeprägten Lebensmotiv Unabhängigkeit es, privat auch einmal alleine unterwegs zu sein oder allein zu verreisen.

Berufe, in denen nicht die Teamarbeit im Vordergrund steht, sind vorstellbar. Dabei können viele durchaus freudvoll Mitglied eines Teams sein, solange sie ihren eigenen und abgegrenzten Aufgabenbereich haben. Langwierige Teamprozesse und -diskussionen finden sie ermüdend und anstrengend. Sie fühlen sich in Berufen wohl, in denen sie ihr Autonomiebestreben ausleben können.

Manche Menschen mit einem stark ausgeprägten Lebensmotiv Unabhängigkeit mögen es, ihre Individualität auszuleben. Einige entwickeln ihren eigenen Stil oder individuelle Herangehensweisen. Manche kleiden sich individuell, manche tragen und stylen ihre Haare aussergewöhnlich oder interessieren sich für ungewöhnliche Themen oder Dinge.

Konventionelles Denken oder konventionelle Zugänge lassen manche unbeeindruckt.

Unter Stress werden manche stur und unnachgiebig.

Menschen mit einem stark ausgeprägten Lebensmotiv Unabhängigkeit könnten sich für eine Karriere oder einen Job interessieren, der ein hohes Mass an Freiheit und Entscheidungsfindung bietet.

Menschen mit einem gering ausgeprägten Lebensmotiv Unabhängigkeit geniessen es, eng verwobene Beziehungen mit anderen Menschen einzugehen.

Viele Menschen mit einem gering ausgeprägten Lebensmotiv Unabhängigkeit beruhigt es zu wissen, dass sie sich, sollten sie Hilfe benötigen, auf andere verlassen können. Sie bevorzugen es, wenn andere Menschen in nahezu alle ihre Tätigkeiten eingebunden sind. Normalerweise verhalten sie sich teamorientiert. Üblicherweise mögen sie es, Aufgaben gemeinsam mit Kolleginnen und Kollegen zu bearbeiten. Viele haben einen starken Sinn für die Gemeinschaft und bevorzugen es, Zeit mit anderen zu verbringen und gemeinsam zu entscheiden.

Als Führungskraft werden Menschen mit einem gering ausgeprägten Lebensmotiv Unabhängigkeit Entscheidungen lieber zusammen mit dem Team treffen. Viele fühlen sich unwohl, wenn sie ganz auf sich alleine gestellt sind, sowohl im privaten Bereich als auch in der Arbeit.

Einige Menschen mit einem gering ausgeprägten Lebensmotiv Unabhängigkeit schätzen es, sich als Teil einer Gemeinschaft und eines Teams zu empfinden. Mitglied eines eng verwobenen Teams zu sein, gibt möglicherweise Zuversicht, erfüllt mit Energie und gibt das Gefühl, gewissermaßen geerdet zu sein. Üblicherweise bewundern Menschen mit einem gering ausgeprägten Lebensmotiv Unabhängigkeit auch Teams, die wie eine Einheit auftreten, sei es, um miteinander zu lernen, Sport zu treiben oder zu arbeiten.

Viele, die eine Führungsrolle besetzen, legen üblicherweise Wert darauf, einen Konsens zu erzielen und erst dann dementsprechend Aktionen zu setzen.

Unter Stress kann es durchaus sein, dass sie starker emotionaler Zuwendung bedürfen, sei es von einem Partner, einem Elternteil oder anderen geliebten Menschen. Manche wünschen sich dann sogar, andere mögen "auf sie aufpassen".

Absolviere auch du dein persönliches Motivation Profile und entdecke deine Potenziale und Bedürfnisse beim Motiv Unabhängigkeit.

NEUGIER, das Bedürfnis nach Wissen und Wahrheit

Menschen mit einem stark ausgeprägten Lebensmotiv Neugier haben ein großes Bedürfnis danach, den Dingen auf den Grund zu gehen. Sie neigen zu intellektuellem Verhalten. Manche sind nachdenklich, wissbegierig, gedankenvoll oder analytisch.

Viele interessieren sich für Ideen, Wissen oder Theorien unabhängig von ihrer praktischen Relevanz. Manche Menschen mit einem stark ausgeprägten Lebensmotiv Neugier werden zu Intellektuellen. Manche lieben es, Bücher zu lesen. Manche führen gerne lebendige Unterhaltungen in angeregter Gesellschaft. Viele von ihnen schätzen kluge, nachdenkliche Menschen.

Menschen mit einem stark ausgeprägten Lebensmotiv Neugier denken vielleicht viel über Dinge nach oder analysieren diese. Sie können in Gedanken versinken und dabei die irdischen Geschehnisse um sich herum völlig vergessen. Viele neugierige Menschen sind lebenslang Lernende. Sie schätzen Wissen und anregende Diskussionen. Üblicherweise gehören sie zu jenen, die gerne geistreiche Spiele wie Bridge, Schach oder andere intellektuell fordernde Spielen mögen. manche neugierige Menschen haben aber gar kein Interesse an Spielen, sondern lieben es, zu sinnieren, widmen sich also ganz der Wahrheitssuche.

Neugierige Menschen sind üblicherweise am meisten an einer Karriere interessiert, die sie intellektuell fordert. Weniger interessiert sind sie an einer Karriere, die kaum intellektuelle Anstrengungen erfordert. Sie fühlen sich normalerweise in einem Beruf wohl, der so etwas wie intellektuelle Wachheit erfordert und beispielsweise strategisches Planen oder Problemlösen umfasst. Aber auch in den Bereichen der Wissenschaft und Lehre, Forschung oder aber auch in anderen Gebieten, in denen neues Wissen generiert und eingesetzt werden muss, können Menschen mit einem stark ausgeprägten Lebensmotiv Neugier ihre berufliche

Heimat finden.

Ein stark ausgeprägtes Lebensmotiv Neugier motiviert manche Menschen dazu, Dinge komplizierter zu machen, als sie sein müssten. Manche neigen dann dazu, in langen, komplexen Sätzen zu sprechen oder zu schreiben. Neugierige Menschen können auch Dinge verkomplizieren, weil sie selbst kleinste Details als wichtig erachten können.

Unter Stress haben manche die Tendenz, noch redseliger zu werden oder ganz viele Fragen zu stellen, manche werden übertrieben analytisch.

Menschen mit einem gering ausgeprägten Lebensmotiv Neugier sind praxisorientierte Menschen und denken, dass "Taten lauter sprechen als Worte sprechen". Sie bevorzugen einen praktischen Ansatz, um Ziele zu erreichen und mögen es nicht, Dinge zu sehr zu analysieren. Viele erleben sich selbst eher als "Macherin" bzw. "Macher", im Gegensatz zu anderen, die sich selbst eher als "Denkerinnen" bzw. "Denker" sehen.

Ein gering ausgeprägtes Lebensmotiv Neugier motiviert manche Menschen dazu, sich auf ihren eigenen Verstand, ihr Gespür, ihre Vorstellungskraft oder ihr eigenes Gefühl zu verlassen. Ideen, für die sich praxisorientierte Menschen interessieren, müssen im Alltag anwendbar sein. Manche bevorzugen bildliche Darstellungen anstatt eines Textes, um sich auszudrücken. Manche verlassen sich mehr auf ihre eigenen Einsichten und ihr Gespür als auf messerscharfe Logik. Es ist ihnen wichtig, dass Dinge erledigt sind. Vielen gefällt es, wenn sich die eigenen Ideen in praktischen Dingen verwirklicht finden.

Menschen mit einem gering ausgeprägten Lebensmotiv Neugier bevorzugen es, die Dinge so einfach wie möglich zu halten. Ein Arbeitsplatz, der ihnen abverlangt, komplexe Strategien oder Pläne zu entwickeln, schafft ihnen Unbehagen. Intensives Nachdenken oder das Analysieren von Details erleben viele als kräftezehrend. Viele praxisorientierte Menschen bevorzugen es, wenn Aufgaben in überschaubare Teile gegliedert werden. Sie lernen am besten durch eine praktische Herangehensweise, indem sie Fähigkeiten durch konkretes Tun erwerben und diese dann durch Übung perfektionieren, anstatt aus Büchern Handlungsanweisungen abzuleiten.

Menschen mit einem gering ausgeprägten Lebensmotiv Neugier schätzen die Einfachheit. Sie werden vielleicht dem Gedankengang zustimmen, dass Anstrengung und Talent weitaus wichtiger für den Erfolg sind als Grips. Normalerweise sind Menschen mit einem gering ausgeprägten Lebensmotiv Neugier der Überzeugung, dass Geistesgrösse überbewertet wird. Sie lernen mehr von Leuten, die Köpfchen haben, als aus Büchern.

Unter Stress kann es vorkommen, dass sie zuerst handeln, bevor sie nachdenken. Viele Menschen mit einem gering ausgeprägten Lebensmotiv Neugier bevorzugen eine Tätigkeit, in der ein gesunder Menschenverstand und praktisches Wissen erforderlich sind. Normalerweise vermeiden sie Tätigkeiten, die vertiefte Kenntnisse oder Detailwissen über mehrere Wissensgebiete erfordern.

Absolviere auch du dein persönliches Motivation Profile und entdecke deine Potenziale und Bedürfnisse beim Motiv Neugier.

ANERKENNUNG, das Bedürfnis nach sozialer Akzeptanz, Zugehörigkeit und positivem

Selbstwert

Menschen mit einem stark ausgeprägten Lebensmotiv Anerkennung gehören zu den Menschen, die gegenüber Kritik, Zurückweisung oder Versagen empfindlich reagieren. Sie sind empfindsam gegenüber dem, was andere Menschen über sie denken oder sagen. Niemand mag es, kritisiert zu werden, doch neigen Menschen mit einem stark ausgeprägten Lebensmotiv Anerkennung dazu, negatives Feedback persönlich zu nehmen und dementsprechend heftig darauf zu reagieren. Vielleicht gehören sie zu den Menschen, die Rückschläge schwerer verkraften, als die meisten Menschen es tun. Viele Menschen mit einem stark ausgeprägten Lebensmotiv Anerkennung haben schon öfter Situationen erlebt, in denen sie sich unsicher fühlen. Sie neigen dazu, an sich selbst zu zweifeln. Möglicherweise fehlt es ihnen an Selbstsicherheit. Oder es mangelt ihnen am Glauben an sich selbst. Viele zweifeln auch an ihren Fähigkeiten und ihrem Aussehen. Manche Menschen mit einem stark ausgeprägten Lebensmotiv Anerkennung sind von sich und dem, was sie wert sind, nicht überzeugt. Sie fühlen sich wertvoll, wenn andere sie akzeptieren oder loben. Bei Kritik und Zurückweisung jedoch fühlen sich viele am Boden zerstört. Dadurch kann es vorkommen, dass sich Menschen mit einem stark ausgeprägten Lebensmotiv Anerkennung manchmal mit weniger zufrieden geben, als sie in Wirklichkeit wollen. Möglicherweise fehlt ihnen die Zuversicht, mehr erreichen zu können. Menschen mit einem stark ausgeprägten Lebensmotiv Anerkennung erweisen sich in ihrem Engagement und ihrer Performance manchmal als unbeständig. Aus Angst vor Misserfolgen sind sie manchmal geneigt, sich lieber zurückzuhalten, als Fehler zu begehen. Üblicherweise ist es ihnen unangenehm, von anderen beurteilt zu werden. Viele werden nervös, wenn sie an bevorstehende Situationen denken, in denen ihre Leistung beurteilt wird, wie beispielsweise in Job, Interviews oder Prüfungen. Viele könnten beispielsweise unter einem nervösen Magen leiden oder neigen vielleicht dazu, bei einer anstehenden Prüfung nicht aufzutauchen oder finden andere Wege, Bewertungen zu vermeiden. Es kann auch passieren, dass sie in einer Prüfungssituation die Konzentration verlieren. Viele Menschen mit einem stark ausgeprägten Lebensmotiv Anerkennung reagieren ängstlich, wenn sie sich einer Beurteilungs Situation stellen müssen, um eine Beförderung oder Gehaltserhöhung zu erhalten. Einige tun sich schwer mit einer Führungskraft, die kritisch beurteilt. Am besten sind sie dann, wenn andere hinter ihnen stehen, ihnen Mut zusprechen und wenn sie sich angenommen, beliebt und respektiert fühlen. Menschen mit einem stark ausgeprägten Lebensmotiv Anerkennung benötigen regelmäßig Bestätigung und positives Feedback von anderen Menschen, damit es ihnen gut geht. Dementsprechend ist es für viele sehr wichtig, dass ihre Führungskräfte Fortschritte, die sie in ihrer Entwicklung machen, bemerken und würdigen. Üblicherweise bringen sie die besten Leistungen dann, wenn ihre Fehler von Führungskräften nicht kritisiert werden, sondern Führungskräfte hinter ihnen stehen und ihre Erfolge wahrnehmen und loben. Sie arbeiten am besten in einem unterstützenden Umfeld. Um Misserfolge zu vermeiden, versuchen manche Menschen mit einem stark ausgeprägten Lebensmotiv Anerkennung erst gar nicht, anspruchsvollen und lohnenderen Tätigkeit nachzugehen. Manche überlegen vielleicht, etwas Neues anzugehen, lassen es aber bleiben, aus Angst, es könnte nicht erfolgreich sein. Viele Menschen mit diesem Bedürfnis müssen ermutigt werden, anspruchsvolle Ziele zu verfolgen, um ihr Potenzial auch ausschöpfen zu können.

In Stresssituationen führt ein stark ausgeprägtes Lebensmotiv Anerkennung bei vielen Menschen zu einer pessimistischen oder unentschlossenen Haltung. Einige kämpfen mit Selbstzweifeln und Angst.

Manche Menschen mit einem stark ausgeprägten Lebensmotiv Anerkennung fühlen sich auf einem Arbeitsplatz dann wohl, wenn ihre Leistung nicht ständig beurteilt wird. In einem Beruf, der viel Selbstvertrauen voraussetzt, fühlen sie sich nicht wohl.

Menschen mit einem gering ausgeprägten Lebensmotiv Anerkennung reagieren weniger empfindlich auf Kritik bzw. weniger ängstlich in Situationen, die auch schiefgehen können, als andere Menschen. Niemand mag es, zu scheitern, aber Menschen mit einem gering ausgeprägten Lebensmotiv Anerkennung gelingt es, Rückschläge zu überwinden und nach vorne zu schauen. Niemand findet es angenehm, kritisiert zu werden, aber Menschen mit einem gering ausgeprägten Lebensmotiv Anerkennung tendieren dazu, negatives Feedback konstruktiv aufzunehmen und darauf nicht überzureagieren. Sie sind normalerweise Selbstbewusst. Rückschläge werden von ihnen schnell abgeschüttelt und sie blicken eher nach vorn. Üblicherweise fokussieren viele sich mehr darauf, was gut läuft, als darauf, was nicht gut läuft. Viele sind selbstsicher und zweifeln wenig an sich. Im Gegenteil, sie sind überzeugt von ihrem Selbstwert. Wenn die Dinge nicht so gut laufen, werden Menschen mit einem gering ausgeprägten Lebensmotiv Anerkennung alles unternehmen, um das Problem zu lösen und dennoch optimistisch bleiben.

Viele orientieren sich daran, was sie selbst vom Leben erwarten. Dabei glauben sie an sich und erwarten im Normalfall Erfolg, wenn sie sich entscheiden, etwas in Angriff zu nehmen. Sie sind bereit, für die Aussicht auf Erfolg auch Rückschläge in Kauf zu nehmen. Dementsprechend sehen sie Rückschläge als notwendige Hindernisse auf der Strasse des Lebens an.

Selbstsichere Menschen neigen dazu, selbstmotiviert zu sein und brauchen wenig Ermutigung von anderen. Manche sind entscheidungsfreudig. Sie erwarten vom Leben, dass es gelingen wird. sie strengen sich an, weil sie auch jedes Mal, wenn sie etwas wagen, gute Ergebnisse erwarten. Sie sind selbstbewusst genug, um aus konstruktivem Feedback zu lernen. Viele zuversichtliche Menschen betonen eher das Positive anstatt im Negativen zu verharren. Sie haben ein positives Selbstbild und erwarten, dass sie einen positiven Eindruck bei anderen hinterlassen.

Unter Stress tendieren Menschen mit einem gering ausgeprägten Lebensmotiv Anerkennung vielleicht zu übermäßigem Selbstvertrauen und dementsprechender Selbstüberschätzung. Sie sind möglicherweise übermäßig optimistisch in der Erwartung, ihre Ziele zu erreichen. Manche fahren den einen oder anderen Misserfolg ein, weil sie sich mehr aufgeladen haben, als sie bewältigen können. Menschen mit einem gering ausgeprägten Lebensmotiv Anerkennung sollten achtsam sein, wenn es darum geht, sich erreichbare Ziele zu setzen.

Einige selbstsichere Menschen erbringen sowohl unter verschiedener Führung als auch in verschieden Arbeitsumfeldern gute Leistung. Sie fühlen sich mehr als die meisten anderen Menschen auch auf einem Arbeitsplatz wohl, auf dem sie konsequenter Beurteilung, Zurückweisung oder Kritik ausgesetzt sind. Manche selbstbewusste Menschen bevorzugen risikoreiche oder abenteuerliche Arbeitsplätze.

Absolviere auch du dein persönliches Motivation Profile und entdecke deine Potenziale und Bedürfnisse beim Motiv Anerkennung.

ORDNUNG, das Bedürfnis nach Stabilität, Klarheit und Struktur

Menschen mit einem stark ausgeprägten Lebensmotiv Ordnung haben die Dinge gerne strukturiert und organisiert. Sie fühlen sich unwohl, wenn ihre Umgebung oder auch Terminplanung in Unordnung gerät. Es geht vielen leicht von der Hand, Pläne zu machen, Listen oder Zeitpläne anzufertigen und Regeln aufzustellen. Dabei ist es ihnen lieber, wenn klare und einschätzbare Rahmenbedingungen sichergestellt sind. Normalerweise sind Sicherheit, Genauigkeit, Beständigkeit und Ordnung Aspekte, die sie schätzen und die ihnen wichtig sind. Normalerweise sind sie pünktlich. Menschen mit einem stark ausgeprägten Lebensmotiv Ordnung liegt es nicht, spontan, aus der Laune des Augenblicks heraus Dinge zu unternehmen, da sie überzeugt davon sind, dass gute Planung und Vorbereitung die Schlüssel zum Erfolg darstellen. Sie richten ihre Aufmerksamkeit selbst auf die kleinsten Details. Manche sind Perfektionistinnen bzw. Perfektionisten. Es kann sogar sein, dass ihnen kleinste Veränderungen auffallen, so z.B. wenn ein Raum geringfügig unordentlich oder nicht ganz sauber ist. Menschen mit einem stark ausgeprägten Lebensmotiv Ordnung tendieren dazu, wichtigen und weniger bedeutsamen Details die gleiche Aufmerksamkeit zu schenken. Viele schätzen Ordnung vor Chaos, um ihrem Leben Beständigkeit, Stabilität und Berechenbarkeit zu verleihen. Sie bevorzugen Gleichbleibendes und Konstanz. Normalerweise verhelfen ihnen Routineabläufe und Rituale dabei, ihr Bedürfnis nach Konstanz in ihrem Tagesablauf zu verankern. Manche Menschen mit einem stark ausgeprägten Lebensmotiv Ordnung haben Schwierigkeiten, sich an Veränderungen anzupassen. So lehnen sie es beispielsweise ab, ihre Umgebung oder ihren Arbeitsplatz zu wechseln oder die Dinge anders als in ihrer bewährten Art und Weise zu tun. Wenn sich die Lage schwierig gestaltet, halten sie lieber an Bewährtem fest, als den Kurs zu ändern.
Auf ihrem Arbeitsplatz schätzen Menschen mit einem stark ausgeprägten Lebensmotiv Ordnung Struktur, klare Abläufe und Prozesse. Normalerweise mögen sie es, wenn sie die Dinge unter ihrer Kontrolle haben. Menschen mit einem stark ausgeprägten Lebensmotiv Ordnung erbringen ihre besten Leistungen an einem Arbeitsplatz, der ihre Kompetenzen klar umreißt, bei dem sie Führung konstant und vorhersehbar erleben und wo sie hauptsächlich damit beschäftigt sind, zu organisieren, Terminpläne zu machen, Listen zu schreiben, Pläne zu entwickeln und Richtlinien zu implementieren. Sie bevorzugen einen Arbeitsplatz, der es ihnen abverlangt, auf Details, Prozesse, Organisation, Wiederholung oder Reinlichkeit zu achten. Weniger Interesse haben sie an einem Arbeitsplatz, der Flexibilität und Spontanität erfordert.
Um Angst oder Stress abzubauen, kann es sein, dass Menschen mit einem stark ausgeprägten Lebensmotiv Ordnung Rituale durchführen. Manche tragen einen "Glücksbringer" oder sie sind etwas abergläubisch. Oder sie schreiben ausführliche To-do-Listen oder putzen ihr Zuhause.

Menschen mit einem gering ausgeprägten Lebensmotiv Ordnung fühlen sich nicht besonders wohl, wenn alles rund um sie strikt geplant und festgelegt ist. Sie schätzen Flexibilität sehr. Viele empfinden sogar Abneigung gegen das Organisieren und Planen. Gegenüber unbestimmten, ungewissen oder unübersichtlichen Situationen sind sie sehr aufgeschlossen und tolerant. Viele fühlen sich von Struktur und Ordnung sogar eingeengt.

Manche Menschen mit einem gering ausgeprägten Lebensmotiv Ordnung fühlen sich unbehaglich, wenn von ihnen erwartet wird, sich nach genauen Regeln, Vorgaben oder Zeitpläne zu richten. Manche genießen es, zu improvisieren und die Dinge im Werden entstehen zu lassen. Sie sind in Bestform, wenn Improvisation und Spontanität gefragt sind. Üblicherweise haben sie eine Abneigung gegenüber Aktivitäten, die Präzision und Wiederholung erfordern.

Die Kleidung von Menschen mit einem gering ausgeprägten Lebensmotiv Ordnung kann schon einmal zerknittert sein oder in ihrem Auto können wochenlang Zeitungen, Verpackungsmaterial oder anderer Müll herumliegen. es ist möglich, dass viele nicht einmal bemerken, wenn ihr Zimmer unordentlich ist oder sich schmutziges Geschirr im Spülbecken stapelt.

Menschen mit einem gering ausgeprägten Lebensmotiv Ordnung mögen keine Routine Jobs. Sie lehnen es ab, ihr Verhalten an Regeln, Zeitplänen und Vorgaben auszurichten.

Berufe, die mit Veränderungen zu tun haben oder in denen es kaum Routine gibt, erscheinen dagegen ideal. Sie bevorzugen es, die Dinge mit minimaler Vorbereitung zu erledigen. Als Geschäftsleute stürzen sie sich gerne in neue Projekte, bei denen sie im Tun lernen. Als Vortragende haben sie den Hang, mit dem Vortrag zu beginnen, ohne vorher im Detail festgelegt zu haben, was genau sie sagen werden. Sie interessieren sich für einen Arbeitsplatz, der Spontanität erfordert und die Fähigkeit, mit mehrdeutigen Situationen umzugehen.

In Stresssituationen können manche Menschen mit einem gering ausgeprägten Lebensmotiv Ordnung zügig Veränderungen herbeiführen und notwendige Anpassungen vornehmen. Manche ändern ihre Pläne so rasch, dass andere Mühe haben, deren Pläne in vernünftiger Weise auszuführen. Manche müssen sich davor hüten, Veränderungen nicht nur der Veränderung wegen herbeizuführen.

Viele Menschen mit einem gering ausgeprägten Lebensmotiv Ordnung bevorzugen es, sich Optionen so lange wie möglich offen zu halten. Sie tendieren dann dazu, die Entscheidungen in letzter Minute zu treffen. Das kann dazu führen, dass sie sich wenig Gedanken darüber machen, wie sie ihr Leben gestalten wollen.

Absolviere auch du dein persönliches Motivation Profile und entdecke deine Potenziale und Bedürfnisse beim Motiv Ordnung.

SPAREN, das Bedürfnis nach Sammeln und Eigentum

Menschen mit einem stark ausgeprägten Lebensmotiv Sparen sammeln gerne Dinge. Manchmal betrifft dies Dinge von Wert wie z.B. Geld oder andere wertvolle Dinge.

Ihnen ist es wichtig, auf die Dinge, die sie besitzen, Acht zu geben. Umgekehrt fällt es ihnen schwer, Dinge wegzuwerfen. Viele vertreten die Meinung, dass es falsch ist, mit Dingen verschwenderisch umzugehen. Menschen mit einem stark ausgeprägten Lebensmotiv Sparen gehen üblicherweise achtsam mit den Dingen um, die sie besitzen. Jedenfalls trennen sie sich nur ungern von Dingen. Sie lassen lieber Altes reparieren, als etwas Neues zu kaufen. Viele Menschen mit einem stark ausgeprägten Lebensmotiv Sparen schätzen Genügsamkeit. Manche gehen mit Geld durchaus knauserig um.

Manche entwickeln sich zu Schnäppchenjägerinnen und -jägern und lernen, gut zwischen Dingen von geringem und grossem Wert zu unterscheiden.

In Stresssituationen könnte es viele beruhigen, sich mit ihren Finanzen zu beschäftigen. Menschen mit einem stark ausgeprägten Lebensmotiv Sparen tendieren häufig zu Berufen, die auf irgendeine Art mit Sammeln zu tun haben. Meist fühlen sie sich in Bereichen, die mit den Finanzen des Unternehmens zu tun haben, sehr wohl. Sparsame Menschen können sich dort am besten entfalten, wo Genügsamkeit erforderlich ist und sie einer Sammeltätigkeit nachgehen können.

Menschen mit einem gering ausgeprägten Lebensmotiv Sparen ist es nicht wichtig, Dinge aufzuheben oder zu sammeln. Menschen mit einem gering ausgeprägten Lebensmotiv Sparen sind grosszügig. Es kann sogar sein, dass sie sich manchmal verschwenderisch verhalten. Manche Menschen mit einem gering ausgeprägten Lebensmotiv Sparen kümmern sich nicht besonders gut um ihren Besitz. Dies macht sich im Umgang mit ihren Besitztümern bemerkbar. So vernachlässigen sie beispielsweise Dinge wie ihre Finanzen, Autos oder Häuser und gehen manchmal auch mit persönlichen Dingen wie Kleidung achtlos um. Manche Menschen mit einem gering ausgeprägten Lebensmotiv Sparen kaufen eher etwas neu als etwas Altes zu reparieren. Ihnen fällt es schwer mit Geld umzugehen. Bildlich betrachtet zerrinnt ihnen manchmal das Geld zwischen den Fingern. Normalerweise lieben sie es zu shoppen.

Unter Stress kann es Menschen mit einem gering ausgeprägten Lebensmotiv Sparen passieren, dass sie ihre Sachen beschädigen, verlieren oder mit ihrem Eigentum Schindluder betreiben. Beruflich fühlen sie sich nicht wohl auf einem Arbeitsplatz, der ihnen Sparsamkeit abverlangt.

Absolviere auch du dein persönliches Motivation Profile und entdecke deine Potenziale und Bedürfnisse beim Motiv Sparen.

Falls es dich interessiert, wie man mehr Vermögen aufbauen kann, lege ich dir den Kurs, 7 Strategien für mehr Vermögen, sehr ans Herz.

Hier kannst du dir direkt den Zugang sichern:
https://www.digistore24.com/redir/300869/paarberatung-schweiz/CAMPAIGNKEY

EHRE, das Bedürfnis nach Loyalität und moralischer Integrität

Menschen mit einem stark ausgeprägten Lebensmotiv Ehre sind die moralischen Aspekte des Lebens sehr wichtig. Sie schätzen Charakterstärke und akzeptieren die Verantwortung für das eigene Handeln. Sie geben ihre Fehler zu und vermeiden es, Ausreden zu finden oder die Schuld jemand anderem zuzuschieben. Sie verhalten sich anderen gegenüber ehrlich, vertrauenswürdig, gewissenhaft, loyal und prinzipientreu. Üblicherweise beachten Menschen mit einem stark ausgeprägten Lebensmotiv Ehre Vorschriften und Regeln. Viele

Menschen mit einem stark ausgeprägten Lebensmotiv Ehre ist es ein wichtiges Anliegen, sich moralisch zu verhalten. Das beinhaltet beispielsweise Versprechen zu halten, nicht zu betrügen, selbst dann nicht, wenn sich eine Gelegenheit bieten würde und sie dabei nicht erwischt werden würden. Viele respektieren fremdes Eigentum und würden dies nicht an sich nehmen, wenn es ihnen nicht gehört. Viele halten sich an Spielregeln, unabhängig davon, ob sie dabei gewinnen oder verlieren. Sie haben ein starkes Pflichtbewusstsein und sind geneigt, das zu tun, was getan werden muss. Sie neigen dazu, Schuld und Scham zu empfinden, wenn sie sich nicht gemäß ihres eigenen Ehrenkodex verhalten haben. Für Menschen mit einem stark ausgeprägten Lebensmotiv Ehre ist es schwer, mit solchen Gefühlen leben zu müssen, daher ist es ihnen ein grosses Anliegen, ihre Pflicht zu erfüllen und sich anderen gegenüber moralisch zu verhalten.

Viele Menschen mit einem stark ausgeprägten Lebensmotiv Ehre widerstehen der Versuchung, aus Eigennutz oder im Eigeninteresse zu handeln. Viele richten ihr Verhalten am Prinzip des Anstands und nicht in Hinblick auf ihren persönlichen Nutzen aus. Einige haben eine große Selbstdisziplin. Manche sind stolz auf ihre disziplinierten Lebensgewohnheiten und ihre Lebensweise. Möglicherweise ist es bedeutsam für sie, die Traditionen und Lebensweisen ihrer Volksgruppen zu pflegen.

Unter Stress tendieren manche pflichtbewusste Menschen zu Schuldgefühlen. Manche werden selbstgerecht oder wertend.

Pflichtbewussten Menschen ist es wichtig, dass sie einen Arbeitsplatz bekleiden, der Integrität, Loyalität und Charakterstärke würdigt.

Menschen mit einem gering ausgeprägten Lebensmotiv Ehre handeln gerne nach den eigenen Vorstellungen und Regeln. Wenn sich zufällig eine Möglichkeit auftut, sind sie normalerweise bereit, alles dafür Notwendige zu tun, um die unerwartete Chance zu ergreifen. Viele halten die Augen nach eventuellen Möglichkeiten immer offen. Es kann passieren, dass sie eine bereits getroffene Vereinbarung für eine sich neu bietende Option nicht einhalten.

Ihrem Arbeitgeber gegenüber sind Menschen mit einem gering ausgeprägten Lebensmotiv Ehre loyal, solange dieser sich um sie kümmert. Normalerweise fällt es ihnen leicht, den Arbeitsplatz zu wechseln, wenn sich eine Möglichkeit auftut. Sie neigen im Berufsleben dazu, nahezu alles, was notwendig ist, zu tun, damit die Arbeit erledigt ist. Um wettbewerbsfähig zu bleiben, würden viele, wenn die Konkurrenz dies auch tut, die Regeln hin und wieder weitläufiger interpretieren. Es könnte sein, dass sie Menschen mit hoher Moralvorstellung als Heuchler bezeichnen. Manche Menschen mit einem gering ausgeprägten Lebensmotiv Ehre verhalten sich unverbindlich.

Viele Menschen mit einem gering ausgeprägten Lebensmotiv Ehre interessieren sich eher für eine Karriere, in der sie Möglichkeiten dann ergreifen können, wenn sich diese auftun.

Andererseits sind viele nicht an einem Arbeitsplatz interessiert, bei dem es erforderlich ist, Hilfestellung ohne Gegenleistung anzubieten.

Absolviere auch du dein persönliches Motivation Profile und entdecke deine Potenziale und Bedürfnisse beim Motiv Ehre.

IDEALISMUS, das Bedürfnis nach sozialer Gerechtigkeit

Menschen mit einem stark ausgeprägten Lebensmotiv Idealismus ist soziale Gerechtigkeit sehr wichtig und das Wohlergehen von Bedürftigen liegt ihnen am Herzen. Ein stark ausgeprägtes Lebensmotiv Idealismus zeigt sich in einem Verhalten, das von Mitgefühl, Großherzigkeit und Selbstlosigkeit geprägt ist. Ihnen ist es wichtig, anderen zu helfen. Üblicherweise engagieren sie sich für humanitäre Zwecke wie beispielsweise dafür, Krankheiten auszurotten oder Armut zu bekämpfen. Sie engagieren sich in der Wohlfahrt oder in ihrer Gemeinde. Viele arbeiten ehrenamtlich, um Bedürftige zu unterstützen. Oder sie spenden Geld an lokale Krankenhäuser, Bildungseinrichtungen oder Organisationen, die sich für die Armutsbekämpfung einsetzen, oder auch an Einrichtungen für behinderte Menschen und andere Non-Profit-Organisationen. Sie legen üblicherweise grossen Wert darauf, Menschen fair zu behandeln. Wirtschaftliche Ungleichheit betrachten sie als ungerecht.

Menschen mit einem stark ausgeprägten Lebensmotiv Idealismus engagieren sich für das Wohlergehen der Menschheit als Ganzes, nicht nur für Menschen in ihrem Umfeld, ihrer Stadt oder ihrer eigenen Nation. Einige idealistische Menschen engagieren sich sehr für die Menschenrechte und dafür, aufzuzeigen, wo diese verletzt werden. Viele empfinden Zorn und Empörung über Ungerechtigkeit und Diskriminierung oder darüber, wenn ein Unternehmen Regeln bricht, oder aber auch, wenn Menschen aufgrund ihrer Hautfarbe oder Religionszugehörigkeit beleidigt werden.

Menschen mit einem stark ausgeprägten Lebensmotiv Idealismus sind oft an einer Karriere interessiert, die ihnen die Möglichkeit bietet, Menschen zu helfen, um gleichsam die Gesellschaft bzw. die Fairness innerhalb der Gesellschaft zu verbessern. Sehr unwohl fühlen sie sich demgemäß auf einem Arbeitsplatz, der ihnen abverlangt, gegen die Interessen der Armen, Bedürftigen oder Unterdrückten zu handeln.

Menschen mit einem gering ausgeprägten Lebensmotiv Idealismus ist bewusst, dass soziale Ungerechtigkeit zum Leben gehört. Viele denken eher, dass die Welt eben ist, wie sie ist, und fühlen keinen inneren Auftrag, das zu ändern, indem sie Bedürftige oder Unterdrückte unterstützen. Sie bezeichnen sich selbst als "Realisten". Sie vermeiden es, in humanitäre Aktivitäten involviert zu werden, die nichts mit ihrem Leben zu tun haben und die ihnen keinen Vorteil bringen. Normalerweise vertreten Menschen mit einem gering ausgeprägten Lebensmotiv Idealismus die Auffassung, dass soziale Ungerechtigkeit zum Leben dazugehört und dass man daran nur wenig ändern kann. Manche Menschen mit einem gering ausgeprägten Lebensmotiv Idealismus sind Vertreter der Realpolitik und glauben an die Hilfe zur Selbsthilfe. Viele machen sich weniger Gedanken um andere, vor allem um jene, die nichts mit ihren hiesigen Lebensverhältnissen zu tun haben oder die weit entfernt leben. Sie denken vielleicht, dass sie es nicht riskieren können, das Wohlergehen ihrer eigenen Familie für Menschen, die sie nicht einmal kennen, aufs Spiel zu setzen. Vielleicht sind sie davon überzeugt, in erster Linie für die Familie und sich selbst verantwortlich zu sein. Diese Haltung kann sogar so weit gehen, dass manche die Auffassung vertreten, jeder sollte die Verantwortung für sich selbst übernehmen und sich nach Rückschlägen im Leben wieder selbst aufrichten, jeder solle sich auf sich selbst verlassen und nicht von anderen Menschen Hilfe erwarten.

Menschen mit einem gering ausgeprägten Lebensmotiv Idealismus sind eher an einer Karriere interessiert, die ihrer realistischen Haltung entspricht und ihnen nicht abverlangt, sich entgegen ihrer Neigung zu engagieren.

Absolviere auch du dein persönliches Motivation Profile und entdecke deine Potenziale und Bedürfnisse beim Motiv Idealismus.

BEZIEHUNGEN, das Bedürfnis nach Freundschaft, Freude und Humor

Menschen mit einem stark ausgeprägten Lebensmotiv Beziehungen ist es wichtig, in engem Kontakt zu ihren Freundinnen und Freunden zu stehen. Für viele ist ein aktives Sozialleben sehr bedeutsam. Viele sind üblicherweise stark in das Sozialleben der Umgebung, in der sie leben, eingebunden. Sie wollen immer wissen, wo gerade etwas stattfindet. Manche wollen an allen Aktivitäten teilnehmen und fühlen sich verletzt, wenn sie aus einer Aktivität ausgeschlossen werden. Manche fühlen sich in Gesellschaft anderer richtiggehend energetisch aufgeladen. Menschen mit einem stark ausgeprägten Lebensmotiv Beziehungen werden von anderen Menschen als freundliche, kontaktfreudige, kommunikative und gesellige Personen wahrgenommen. Normalerweise sind sie daran interessiert, Freundschaften aktiv zu pflegen und den Kontakt auch über die Jahre zu halten. Sie sind Teamplayer und mögen es, gemeinsam mit anderen, in einer grösseren Gruppe, Dinge zu unternehmen. Normalerweise sind sie auch gerne Mitglied eines Vereins oder in Clubs. Manche interessieren sich für Teamsportarten, weil sie dadurch die Möglichkeit langjähriger Freundschaften eröffnet und sie dadurch regelmäßig mit Menschen zusammentreffen können. Sie schätzen die Kameradschaft und die Geschichten, die man sich in diesen Gruppen immer wieder übereinander erzählt, um sich gemeinsam zu erinnern. Viele gesellige Menschen lieben Spass. Viele leben auf Partys auf und lieben auch Schabernack und lustige Streiche. Unter Stress suchen gesellige Menschen häufig den Kontakt zu anderen Menschen, vorzugsweise jenen, denen sie sich nahe fühlen. Manche finden in Witzen oder in Streichen eine Möglichkeit, Dampf abzulassen.

Viele Menschen mit einem stark ausgeprägten Lebensmotiv Beziehungen fühlen sich am wohlsten in Berufen, in denen es um Menschen geht oder in denen sie möglichst viel Kontakt zu Menschen haben. Berufe, die ihnen abverlangen, über weite Strecken allein zu arbeiten, liegen ihnen weniger.

Menschen mit einem gering ausgeprägten Lebensmotiv Beziehungen legen weniger Wert auf ein geselliges Sozialleben als die meisten anderen Menschen. Sie brauchen immer wieder Zeit mit sich alleine, fernab von anderen, um zu regenerieren Sie haben das Bedürfnis, viel Zeit alleine, mit sich selbst zu verbringen. Einige bevorzugen es, ein paar wenige enge Freunde zu haben anstatt viele lose Bekannte. Sie mögen es, allein zu arbeiten und geniessen es auch manchmal, ihren Freizeitbeschäftigungen alleine nachzugehen. Manche Menschen mit einem gering ausgeprägten Lebensmotiv Beziehungen bevorzugen es, ihre Arbeit allein zu erledigen, anstatt Teil eines Teams zu sein. Manche fühlen sich in Gruppen sogar regelrecht unwohl. Bei einigen führt ein gering ausgeprägtes Lebensmotiv Beziehungen zu schüchternen Verhalten, ein paar wenige vermeiden gesellige Situationen aus Angst vor Zurückweisung. Manche Menschen mit einem gering ausgeprägten Lebensmotiv Beziehungen legen keinen grossen Wert darauf, Partys zu besuchen, Mitglied in einem Club zu sein oder einer bestimmten Gruppe anzugehören. Manche zurückgezogene Menschen zeigen kein übermäßiges Interesse am

Leben anderer Menschen. Auch wenn sie mit jemandem zusammenarbeiten, entsteht daraus nur selten eine enge Freundschaft. Manche brechen den Kontakt zu Menschen ab, wenn diese wegziehen oder den Arbeitsplatz wechseln.

Manche Menschen mit einem gering ausgeprägten Lebensmotiv Beziehungen gelten als ernste oder ruhige Persönlichkeiten. Manche lächeln tatsächlich selten. Sie erleben Einsamkeit als entspannend. Einige sammeln sich, wenn sie alleine sind oder schätzen es, zurückgezogen zu meditieren. Manche lieben die Einsamkeit aufgrund der Stille, des gemächlichen Tempos, der Abwesenheit von Ablenkung und Unterbrechung sowie des Gefühls, frei von sozialen Ansprüchen zu sein.

Unter Stress ziehen sich manche in ihre eigene innere Welt zurück. Andere ziehen sich in ihre "Höhle" zurück und wollen so lange allein gelassen werden, bis sie sich wieder regeneriert haben. Ein paar wenige verhalten sich distanziert oder sogar grob.

Zurückgezogene Menschen bevorzugen eine Arbeitsumgebung, bei der sie nur geringfügigen Kontakt zu anderen Menschen haben. Ein Arbeitsplatz, der ihnen häufigen sozialen Kontakt abverlangt, könnte ihnen schnell anstrengend werden.

Absolviere auch du dein persönliches Motivation Profile und entdecke deine Potenziale und Bedürfnisse beim Motiv Beziehungen.

FAMILIE, das Bedürfnis nach Elternschaft und Erziehung eigener Kinder

Menschen mit einem stark ausgeprägten Lebensmotiv Familie sind familienorientiert. Selbstverständlich sorgen sich nahezu alle Menschen um ihre Familie, aber Menschen mit einem stark ausgeprägten Lebensmotiv Familie stellen ihre Familie an die erste Stelle und organisieren ihr Leben und ihre Zeitpläne so, dass sie möglichst viel Zeit mit der Familie verbringen können. Sie geniessen es, Kinder aufzuziehen. Wenn sie jetzt noch keine Kinder haben, freuen sie sich darauf, in Zukunft welche zu haben. Kinder zu haben gibt ihnen das Gefühl, gebraucht zu werden. Viele freuen sich darauf, ihren Kindern einiges über das Leben beizubringen. Üblicherweise mögen sie es, Kinder zu versorgen oder zu beschützen. Normalerweise übernehmen Menschen mit einem stark ausgeprägten Lebensmotiv Familie auch gerne eine gewisse Vorbildrolle für Kinder. Manche arbeiten auch ehrenamtlich mit Kindern, beispielsweise als Pfadfinderführerin bzw. -führer oder als Sporttrainerin bzw.-trainer einer Jugendliga. Die Familie steht an erster Stelle, erst danach kommen die eigenen Bedürfnisse oder die Karriere. Sie genießen es, gemeinsam Zeit zu Hause zu verbringen. Viele geniessen gemeinsame Familienaktivitäten, wie miteinander zu essen oder sich darüber auszutauschen, wie die Familienmitglieder ihren Tag verbracht haben oder auch, einen gemeinsamen Urlaub zu verbringen.

Viele Menschen mit einem stark ausgeprägten Lebensmotiv Familie mögen es nicht, wenn sie über eine längere Zeit von ihrer Familie getrennt sind. Sie vermissen ihre Familie, wenn diese nicht da ist, und denken oft an sie. Wenn ihre Kinder erwachsen werden und ausziehen, kann das für Menschen mit einem stark ausgeprägten Lebensmotiv Familie sehr schwierig werden. Für sie ist es dann von grosser Wichtigkeit, dass sie weiterhin eng mit ihren Kindern verbunden bleiben, vor allem wenn diese ihrerseits eine eigene Familie gründen. Vielen ist es ein Anliegen, sich mit ihren erwachsenen Kindern häufig auszutauschen, wenn nicht sogar täglich.

Unter Stress suchen viele Menschen mit einem stark ausgeprägten Lebensmotiv Familie, Zuspruch bei ihren Kindern oder Geschwistern. Familienorientierte Menschen sind interessiert an einer Karriere, die mit Kindern oder Familien zu tun hat oder auch mit der Hege von Pflanzen oder Tieren. Sie schätzen es sehr, wenn die Karriere ihnen die Möglichkeit bietet, ausreichend Zeit mit ihrer Familie verbringen zu können.

Menschen mit einem gering ausgeprägten Lebensmotiv Familie sind nicht familienorientiert. Sicher sorgen sie sich um ihre Familienmitglieder, aber sie haben nicht das Bedürfnis, viel Zeit mit ihnen zu verbringen. Viele bevorzugen es, sich mehr auf die eigenen Bedürfnisse, die Karriere und ihre Freunde zu fokussieren. Sie haben für ihr Leben oft andere Pläne, als eine Familie zu gründen, sie investieren möglicherweise ihre ganze Energie in ihre Karriere oder in das Reisen. Manche haben mit ihrer eigenen Familie einen Konflikt erlebt oder empfinden das Familienleben an sich als eher anstrengend. Manche Menschen mit einem gering ausgeprägten Lebensmotiv Familie möchten keine Kinder haben. Und es ist unwahrscheinlich, dass diese ihre Meinung dazu ändern. Andere wiederum wollen gerne Kinder haben, erleben aber das Zusammensein mit diesen als nicht so freudvoll oder haben sogar Schwierigkeiten, eine enge Bindung mit ihnen einzugehen. Die täglichen Aufgaben erscheinen ihnen im Zusammenleben mit Kindern als eher mühsam, und sie fühlen sich wie angekettet. Manche fühlen sich von Kindern belästigt und genervt.
Unter Stress kann es passieren, dass sich Menschen mit einem gering ausgeprägten Lebensmotiv Familie von Kindern oder auch Geschwistern belästigt fühlen oder dass sie sich leicht über diese aufregen können. Normalerweise sind Menschen mit einem gering ausgeprägten Lebensmotiv Familie kaum an einem Arbeitsplatz interessiert, der mit Kindern zu tun hat.

Absolviere auch du dein persönliches Motivation Profile und entdecke deine Potenziale und Bedürfnisse beim Motiv Familie.

STATUS, das Bedürfnis nach Prestige, Ansehen und öffentlicher Aufmerksamkeit

Menschen mit einem stark ausgeprägten Lebensmotiv Status bedeuten Prestige, Ansehen und Geltung viel. Viele sind von Ruhm und Popularität angetan. Auch Reichtum beeindruckt viele. Dementsprechend ist Geld ein wichtiger Motivationsfaktor. Menschen mit einem stark ausgeprägten Lebensmotiv Status könnten als materialistisch bezeichnet werden. Manchen bedeutet es viel, in einer vornehmen Gegend zu wohnen, teure Autos zu fahren und entsprechende Kleidung zu tragen. Vielen ist es sehr wichtig, was andere von ihnen halten. Dementsprechend legen sie Wert auf ihr gutes Ansehen und pflegen dieses auch. manche machen sich Gedanken darüber, was ihre Nachbarn von ihnen in Bezug auf Erfolg, Vermögen, Bedeutung und Prestige halten. Manche Menschen mit einem stark ausgeprägten Lebensmotiv Status neigen dazu, in ihrem Verhalten das Gehabe einer höheren Gesellschaftsschicht wie zu Beispiel des Königshauses oder der sogenannten "High Society" zum Ausdruck zu bringen.
Im Berufsleben handeln manche sehr formell. Manche achten darauf, dass sie Menschen mit einem höheren Status als dem eigenen angemessen Ehrerbietung und Respekt entgegenbringen und dies auch in ihrem Verhalten zeigen. Viele legen Wert auf das Ansehen ihres Arbeitgebers, ihrer Position und ihrer formalen Stellung im Unternehmen.

Unter Stress kann es sein, dass Menschen mit einem stark ausgeprägten Lebensmotiv Status, Menschen aufgrund ihres Aussehens und Auftretens unterschätzen. Manche neigen sogar dazu, Menschen aufgrund ihrer sichtbaren Zugehörigkeit zu einer bestimmten gesellschaftlichen oder sozialen Gruppe zu ignorieren.

Formale Menschen interessieren sich für eine Karriere bzw. eine Tätigkeit, die prestigeträchtig ist. Dabei kann das, was sie selbst als prestigeträchtig empfinden, sowohl mit dem Job selbst als auch dem Arbeitgeber oder aber den Kosten des Produkts und sogar der Lage des Büros etc. verbunden sein. Eine Arbeit oder Karriere, die mit der "Arbeiterklasse" oder dem entsprechenden mangelnden Prestige assoziiert werden kann, würden sie dagegen nicht attraktiv finden.

Menschen mit einem gering ausgeprägten Lebensmotiv Status ist der Prestigefaktor der Dinge, die sie besitzen, ziemlich gleichgültig. Sie sind bescheiden und bodenständig. Sie halten nichts von elitären Denken, Vornehmtuerei und Wichtigtuerei, denn diese Eigenschaften stehen im Widerspruch zu der inneren Überzeugung und dem Glauben an soziale Gleichheit. Viele verhalten sich eher leger, zwanglos und locker.

Manche Menschen mit einem gering ausgeprägten Lebensmotiv Status mögen es, das Verhalten ganz "normaler" Menschen an den Tag zu legen, im Besonderen der Menschen aus der Mittelschicht. Üblicherweise lehnen sie Materialismus ab. Viele wählen Produkte nicht danach aus, wie prestigeträchtig diese sind, sondern aufgrund ihrer Funktionalität und Praktikabilität. Ihnen fällt es gar nicht auf, wenn jemand teure Markenware trägt, ein teures Auto fährt oder eine besondere Wohnadresse aufweist. Viele legen prinzipiell wenig Wert darauf, was andere von ihnen halten. Viele fühlen sich der Mittelschicht sehr verbunden. Manche halten die Aufmerksamkeit, die berühmten Menschen zuteil wird, für unverdient. Angehörige des Adels oder selbst Mitglieder des Königshauses lassen sie unbeeindruckt.

Auf ihrem Arbeitsplatz verhalten sich Menschen mit einem gering ausgeprägten Lebensmotiv Status nicht förmlich oder formal, sondern eher leger. Manche zollen auch Menschen mit einem höheren Status als dem eigenen kaum Respekt. Manchen ist es nahezu gleichgültig, ob ihr Job, ihr Arbeitgeber oder ihr Arbeitsplatz als wenig prestigeträchtig wahrgenommen wird. Manche verhalten sich gegenüber berühmten oder angesehenen Menschen oder solche, die einer bestimmten Elite angehören, regelrecht abweisend.

Menschen mit einem gering ausgeprägten Lebensmotiv Status interessieren sich womöglich für eine Tätigkeit, die der Arbeiterklasse zugerechnet wird. Tätigkeiten, die ihnen abverlangen, mit reichen oder förmlichen Menschen zu arbeiten, werden sie nicht gerne nachgehen.

Absolviere auch du dein persönliches Motivation Profile und entdecke deine Potenziale und Bedürfnisse beim Motiv Status.

RACHE, das Bedürfnis nach Vergeltung und Wettbewerb

Menschen mit einem stark ausgeprägten Lebensmotiv Rache haben Kampfgeist, sie revanchieren sich, wenn andere sie beleidigt haben. Das Lebensmotiv Rache kann auf vielfältige Weise ausgelebt werden. Manche sind stark wettbewerbsorientiert und neigen dazu, sich mit anderen zu vergleichen und haben das Bedürfnis, besser zu sein. Gewinnen an sich ist vielen ein großes Anliegen, vielleicht sogar so sehr, dass sie es hassen zu verlieren oder das Verlieren sogar persönlich nehmen. Wenn Menschen mit einem stark ausgeprägten Lebensmotiv Rache verlieren, kann es sein, dass sie sich darüber Sorgen machen, ob sie eine neuerliche Chance, sich zu beweisen, erhalten.

Manche Menschen mit einem stark ausgeprägten Lebensmotiv Rache empfinden heftigen Ärger oder Wut und können diese Gefühle in motivatorischer Hinsicht gut für sich selbst nutzen. Manche sind leidenschaftlich und haben sprichwörtlich "Feuer im Hintern".

Sie geben nicht auf, ganz egal wie ihre Chancen stehen. Wenn sie bei einem Wettbewerb weit abgeschlagen liegen, denken sie:"Es ist noch nicht vorbei". Einige werden auch zornig auf diejenigen, die sie besiegt haben. Einige verhalten sich aggressiv oder neigen zu spontanen Wutausbrüchen. Sie können auch gemein und boshaft sein. Manche suchen die Auseinandersetzung mit anderen, was nicht bedeutet, dass diese gewaltvoll sein muss. Aber viele können es durchaus geniessen, wenn eine Diskussion hitziger wird und suchen auch verbale Auseinandersetzungen. Menschen mit einem stark ausgeprägten Lebensmotiv Rache sind üblicherweise Kämpfer. Sie lieben es zu gewinnen und mögen es, wenn sie anderen beweisen können, dass diese falsch liegen. Manche besitzen Leidenschaft. Einige geraten leicht in Streit oder Schlägereien. Manche sind nachtragend. Einige werden schnell eifersüchtig.

Unter Stress kann es vorkommen, dass Menschen mit einem stark ausgeprägten Lebensmotiv Rache jene, die ihnen (vermeintlich) im Weg stehen, bedrohen oder sogar versuchen, andere Menschen einzuschüchtern. Einige wenige schrecken auch nicht davor zurück, andere körperlich zu attackieren.

Menschen mit einem stark ausgeprägten Lebensmotiv Rache fühlen sich üblicherweise in Berufen wohl, in denen sie Wettkampf und Konfrontation ausleben können oder es auch darum geht, jemanden oder etwas zu (be) schützen. Eine Tätigkeit, in der Konfliktvermeidung erwartet wird, würde sie nicht zufriedenstellen.

Menschen mit einem gering ausgeprägten Lebensmotiv Rache bevorzugen es, Konflikte zu vermeiden. Viele versuchen eher, einen gemeinsamen Nenner zu finden und Kompromisse einzugehen. Man könnte sie als Friedensstifter bezeichnen. Üblicherweise sind sie gut darin, Menschen in schwierigen Verhandlungssituationen zu vernünftigen Beschlüssen zu verhelfen. Manchen gelingt es gut, Menschen nach Unstimmigkeiten oder nach einem Wettstreit oder auch nach durchaus heftigen Auseinandersetzungen wieder zusammenzubringen. Sie sind gut darin, zwischen Menschen zu vermitteln und diese dazu zu bringen, sich nach einem Streit die Hände zu schütteln, einander zu umarmen und sich wieder zu vertragen. Gewalt und Hass stoßen sie regelrecht ab. Gewalt löst ihrer Auffassung nach keine Probleme, sondern schürt nur noch mehr Aggression.

Menschen mit einem gering ausgeprägten Lebensmotiv Rache werden nicht leicht zornig oder verlieren die Fassung. Viele schauen darüber hinweg, wenn jemand versucht, sie zu provozieren oder zu beleidigen. Normalerweise verzeihen Menschen mit einem gering ausgeprägten Lebensmotiv Rache Menschen, die sie verärgert haben, auch schnell.

Manche gehen Konflikten lieber aus dem Weg und es kann passieren, dass sie andere eher ungeschoren davon kommen lassen, als sie zu konfrontieren. Viele verhalten sich kooperativ. Viele Menschen mit einem gering ausgeprägten Lebensmotiv Rache legen Wert auf Harmonie. Einige sind sanft. Einige sind nett. Wettkämpfe mögen viele nicht besonders gern. Manche sind der Meinung, dass es im Sport zu sehr ums Gewinnen geht

Unter Stress kann es sein, dass Menschen mit einem gering ausgeprägten Lebensmotiv

Rache mehr denn je überzeugt sind, dass es der beste Weg sei, einer Konfrontation aus dem Weg zu gehen. Manche sind der Auffassung, dass der beste Weg, eine Auseinandersetzung zu gewinnen, der ist, sie zu vermeiden. einige neigen dazu, Provokationen und Beleidigungen nicht wahrzunehmen. Sie vermeiden es, Drohungen auszustossen oder andere zu kritisieren. Lieber lassen sie es gut sein.

Manche bevorzugen einen Arbeitsplatz bzw. eine Karriere, die die Kooperation mit anderen Menschen erfordert. Weniger interessant ist für sie ein Arbeitsplatz, auf dem sie Wettkampf und Konfrontation ausgesetzt sind oder bei dem es darum geht, jemanden oder etwas zu (be) schützen.

Absolviere auch du dein persönliches Motivation Profile und entdecke deine Potenziale und Bedürfnisse beim Motiv Rache.

EROS, das Bedürfnis nach Schönheit und Sex.

Menschen mit einem stark ausgeprägten Lebensmotiv Eros schätzen Romantik und Erotik, Sinnlichkeit und Schönheit. Menschen mit einem stark ausgeprägten Lebensmotiv Eros sind aufmerksamer als andere für schöne Menschen, romantische Situationen und erotische Signale. Sie haben ein starkes Bedürfnis nach Sexualität, Sinnlichkeit und Schönheit. Viele schätzen auch schöne Dinge. Dies beinhaltet den Wunsch nach physischer Schönheit genauso wie Kunst oder Musik. Viele haben erotische Fantasien. Manche verbringen viel Zeit damit, ihre sexuellen Interessen auszuleben. Sie bringen mehr Zeit und Energie für diesen Lebensbereich auf als andere. Viele flirten gerne. Auch Erotik kann ein dominierender Aspekt des Lebens sein. Manche haben möglicherweise Spass daran, andere zu umwerben, zu bezaubern, zu unterhalten und zu verführen. Gegenüber romantischen Signalen anderer Menschen sind sie womöglich sehr aufmerksam. Viele achten sehr auf ihre körperliche Attraktivität.

Ein stark ausgeprägtes Lebensmotiv Eros legt eine Neigung zu Berufen nahe, die erotisch getönt sind oder sich um Schönheit und Ästhetik drehen, wie etwa Modeln, Fotografie oder Kunst.

Menschen mit einem gering ausgeprägten Lebensmotiv Eros empfinden Romantik und Erotik, Sinnlichkeit und Schönheit als weniger wichtig als andere Menschen. Sie legen weniger Wert darauf, wie attraktiv sie für andere erscheinen und beschäftigen sich dementsprechend weniger mit Erotik und Schönheit. Sie haben nur wenig erotische Fantasien. Sie werden vielleicht auch kaum Anstrengungen unternehmen, um sich physisch attraktiv für das andere (oder gleiche) Geschlecht zu machen. Sie denken kaum an Erotik und tendieren zu einem eher asketischen, wenig sinnlichen Lebensstil. Für Sex und schöne Dinge bringen sie nicht viel Zeit und Energie auf, weder im Denken noch im Tun. Viele suchen nicht nach Gelegenheiten, um zu flirten.

Menschen mit einem gering ausgeprägten Lebensmotiv Eros können mit längeren sexuellen Abstinenz Perioden meist gut umgehen. Sie phantasieren eventuell nur selten über Sex und bemerken möglicherweise Flirtsignale anderer Menschen gar nicht. Erotische Leidenschaft auszuleben ist für viele nicht so wichtig.

Absolviere auch du dein persönliches Motivation Profile und entdecke deine Potenziale und Bedürfnisse beim Motiv Eros.

ESSEN, das Bedürfnis nach Nahrung, Kochen und Genuss

Menschen mit einem stark ausgeprägten Lebensmotiv Essen lieben es zu essen und haben dementsprechend auch einen grossen Appetit und eventuell die Neigung, zu viel zu essen. Sie neigen dazu mehr als andere Menschen zu esse. Ein herzhafter Appetit motiviert Menschen dazu, sich für eine grosse Vielfalt an Nahrungsmitteln zu begeistern. Menschen mit einem stark ausgeprägten Lebensmotiv essen, essen gerne und ohne zu zögern probieren sie neue Speisen aus anderen Kulturen und Ländern aus. Viele Menschen mit einem stark ausgeprägten Lebensmotiv Essen haben ihren Geschmacks- und Geruchssinn kultiviert und sind stolz darauf, wie gut sie Essen von hoher Qualität einschätzen können und es von jenem mit geringerer Qualität unterscheiden können. Ihnen kann es schwer fallen, sich für gesundes Essen zu entscheiden. Viele lieben es, kalorienreiche Speisen zu verzehren, anstatt sich für Essen mit gesundem Nährwert zu entscheiden. Sie neigen dazu, bei den Mahlzeiten zu viel zu essen und zwischendurch auch noch zu snacken. Wenn sie gerade nicht essen, denken sie vielleicht häufig an Essen oder lieben e, über die nächste Mahlzeit nachzudenken. Es kann sein, dass manche Probleme haben, ihr Gewicht zu halten und sich in einem ständigen Kampf mit ihrem Appetit befinden.
Stress zu erleben stellt gerade für herzhafte Esserinnen und Esser eine zusätzliche Herausforderung dar, denn Stresssituationen können ein noch grösseres Bedürfnis nach Essen auslösen. Wenn sie unter Druck geraten oder niedergeschlagen sind, empfinden sie es möglicherweise als Entlastung und Beruhigung zu essen. Dabei kann es passieren, dass ihnen gar nicht auffällt, wie viel sie essen.
Menschen mit einem stark ausgeprägten Lebensmotiv Essen interessieren sich vielleicht für einen Beruf, der kompetentes Wissen über Nahrungsmittel und Ernährung voraussetzt oder bei dem es beispielsweise um die Zubereitung von Speisen geht oder aber auch um Diäten und Essgewohnheiten.

Menschen mit einem gering ausgeprägten Lebensmotiv Essen haben keinen grossen Appetit und essen eher weniger. Sie nehmen viel weniger Nahrung zu sich als andere Menschen. Essen ist für sie weniger bedeutsam und dementsprechend genießen sie es auch nicht in dem Ausmaß, wie andere Menschen das tun. Wäre Essen nicht eine biologische Notwendigkeit, würden manche sogar darauf verzichten. Sie sind häufig dünn und haben sogar manchmal Probleme damit, zuzunehmen. Es kann sein, dass Menschen mit einem gering ausgeprägten Lebensmotiv Essen heikel und pingelig sind und nur eine geringe Auswahl an Speisen zu sich nehmen. Viele mögen es nicht, mit Speisen und Geschmack zu experimentieren. Manche interessieren sich auch nicht für das Kochen und die Zubereitung von Nahrung. Vielleicht essen sie auch lieber zu Hause als in Restaurants. Einige müssen darauf achten, genug zu essen, um ihre grundlegenden Ernährungsbedürfnisse zu befriedigen, besonders wenn sie auch sportlich aktiv sind. Für Menschen mit einem gering ausgeprägten Lebensmotiv Essen ist es aus gesundheitlicher Perspektive betrachtet bedeutsam, dass sie sich ihrer physiologischen Ernährungsbedürfnisse bewusst sind. Viele profitieren möglicherweise durch den Austausch mit einer Ernährungskundigen Person, wie beispielsweise einem Ernährungswissenschaftler bzw. einem Wellness-Coach. Diese bzw. dieser könnte ihnen auch behilflich sein, ein passendes Trainingsprogramm zu entwickeln.

Unter Stress kann es passieren, dass Menschen mit einem gering ausgeprägten Lebensmotiv Essen noch weniger als sonst essen oder komplett auf die Nahrungsaufnahme verzichten, was dazu führen kann, dass sie sich müde und abgeschlagen fühlen. Gerade unter Stress ist es daher bedeutsam, darauf zu achten, dass ausreichend Essen mit dementsprechenden Nährwert eingenommen wird.

Absolviere auch du dein persönliches Motivation Profile und entdecke deine Potenziale und Bedürfnisse beim Motiv Essen.

KÖRPERLICHE AKTIVITÄT, das Bedürfnis nach sportlicher Bewegung und Fitness

Menschen mit einem stark ausgeprägten Lebensmotiv Körperliche Aktivität lieben die Bewegung, physische Anstrengung und Aktivitäten, die Muskelkraft erfordern. Sie empfinden dabei weitaus mehr Freude als andere Menschen. Viele haben einen aktiven und energetischen Lebensstil. Menschen mit einem stark ausgeprägten Lebensmotiv Körperliche Aktivität würde man als energetisch, lebhaft, lebendig und vital beschreiben. Viele schätzen physische Stärke und Ausdauer. Wenn sie für einige Zeit weniger physisch aktiv sind, werden sie vielleicht unruhig und zappelig. Viele betreiben bestimmt gerne Sport. Sie ziehen ein aktives Leben vor. Manche Menschen widmen ihr Leben dem Sport, ob sie nun Sportprofis werden oder einfach nur sitzende Berufe vermeiden. Vielen ist es wichtig, immer in Bewegung zu bleiben. Einige Menschen mit einem stark ausgeprägten Lebensmotiv Körperliche Aktivität fühlen sich richtiggehend schlecht, wenn sie nicht genug Zeit haben, um ihren Sport auszuüben. Manche lieben physische Arbeiten rund um ihr Zuhause, wie z.B. den Rasen zu mähen.

Wenn Menschen mit einem stark ausgeprägten Lebensmotiv Körperliche Aktivität unter Stress stehen oder Sorgen haben, ist körperliche Betätigung die beste Medizin für sie. Körperliche Betätigung stellt eine wirkungsvolle Möglichkeit dar, den schädigenden Auswirkungen von Stress in emotionaler und physischer Hinsicht entgegenzuwirken.

Sie gehören zu jenen Menschen, die ihren Körper überstrapazieren, besonders wenn sie unter Druck stehen.

Menschen mit einem stark ausgeprägten Lebensmotiv Körperliche Aktivität werden sich auf einem Arbeitsplatz wohlfühlen, der ihrem Bedürfnis nach physischer Kraft und Ausdauer entgegenkommt. Ein Beruf, in dem sie kaum Möglichkeiten zur Bewegung finden, wird sie nicht zufriedenstellen.

Menschen mit einem gering ausgeprägten Lebensmotiv Körperliche Aktivität mögen physische Anstrengung und Aktivitäten, die Muskelkraft erfordern, nicht besonders gern.

Besonders im mittleren Lebensalter bevorzugen viele Menschen mit einem gering ausgeprägten Lebensmotiv Körperliche Aktivität einen eher "sitzenden Lebensstil".

Anstatt zu Fuss zum Einkaufen zu laufen, nehmen sie das Auto. Viele verbringen gerne Zeit vor dem Fernseher oder dem Computer.

Demgemäß kann das eigene Wohlbefinden für Menschen mit einem gering ausgeprägten

Lebensmotiv Körperliche Aktivität zu einer Herausforderung werden. Denn Bewegungsmangel stellt einen ernsthaften Risikofaktor für die Gesundheit dar und verursacht nicht selten gesundheitliche Langzeitschäden. Aus dieser gesundheitlichen Perspektive betrachtet, ist es entscheidend, dass Menschen mit einem gering ausgeprägten Lebensmotiv Körperliche Aktivität einen Weg finden, sich regelmäßig körperlich zu bewegen, auch wenn dies ihrem natürlichen Antrieb widerspricht. Wenn man beispielsweise ein geselliger und kontaktfreudiger Mensch ist, kann es Spass machen, sich einer regelmässigen Wandergruppe anzuschließen. Manche Menschen mit einem gering ausgeprägten Lebensmotiv Körperliche Aktivität könnten versuchen, regelmäßige körperliche Bewegung in ihren Alltag einzubauen, da gibt es unzählige Möglichkeiten wie z.B. mit den Kindern herumzutollen, Gartenarbeit zu verrichten, den Rasen zu mähen, mit dem Hund spazieren zu gehen, Schnee zu schaufeln, die Treppen zu nehmen, anstatt mit dem Aufzug zu fahren, zu gehen oder Rad zu fahren, anstatt das Auto zu nehmen etc. Für viele Menschen mit einem gering ausgeprägten Lebensmotiv Körperliche Aktivität erhöht sich die Wahrscheinlichkeit mit einem Bewegungsprogramm durchzuhalten, wenn sie Bewegung ganz selbstverständlich in den Alltag einbauen, mehr als ausgetüftelte Fitnessprogramme dies vermögen.

Unter Stress neigen Menschen mit einem gering ausgeprägten Lebensmotiv Körperliche Aktivität noch stärker dazu, ihre Bewegungs Routinen zu vernachlässigen. Sie verschieben dann z.B. ihren täglichen Spaziergang und sitzen stattdessen Trübsal blasend zu Hause herum.

Menschen mit einem gering ausgeprägten Lebensmotiv Körperliche Aktivität werden sich auf einem Arbeitsplatz wohlfühlen, der wenig bis keine körperliche Bewegung voraussetzt. Umgekehrt würden sie mit einem Beruf, der Kraft, Ausdauer oder Fitness voraussetzt, auf die Dauer nicht zufrieden sein.

Absolviere auch du dein persönliches Motivation Profile und entdecke deine Potenziale und Bedürfnisse beim Motiv Körperliche Aktivität.

RUHE, das Bedürfnis nach emotionaler Sicherheit und Entspannung.

Menschen mit einem stark ausgeprägten Lebensmotiv Ruhe haben eine hohe Empfindsamkeit bzw. Sensitivität gegenüber Gefahren, Risiken oder Schmerzen. Sie erleben häufig Angst oder Stress. Viele würden sich selbst als eher nervös oder sogar überempfindliche Person beschreiben. Üblicherweise haben sie Probleme damit, gut mit Stress umzugehen. Dementsprechend bevorzugen sie auch ein möglichst stressfreies Umfeld und Aktivitäten mit geringem Stresslevel. Menschen mit einem stark ausgeprägten Lebensmotiv Ruhe haben eine niedrige Schmerztoleranz. Manche beschweren sich schnell über Schmerzen, wenn sie krank werden oder verletzt sind. Wenn sie Schmerzen oder großem Stress ausgesetzt sind, machen sie sich Sorgen über ihre Gesundheit oder Sicherheit. Manche sind ängstlich oder besonders vorsichtig. Manche bekommen schnell Angst. Viele fürchten sich vor Höhe, dem Fliegen oder bestimmten Tieren wie z.B. Schlangen. Manche haben Angst davor, eine Panikattacke zu erleiden. Manche sind risikovermeidend. Viele Menschen mit einem stark ausgeprägten Lebensmotiv Ruhe mögen keine Abenteuer. Einige verreisen nicht gerne, schon gar nicht an weit entfernte Orte. Unter Stress neigen manche dazu, sich übermäßig zu sorgen und ängstlich zu werden.

Manche Menschen mit einem stark ausgeprägten Lebensmotiv Ruhe werden zu "emotionalen Essern", um derart ihre Angstgefühle zu reduzieren.

Im Berufsleben können Menschen mit einem stark ausgeprägten Lebensmotiv Ruhe dann ihr Bestes geben, wenn sie ein dementsprechend unterstützendes Umfeld vorfinden. Es ist vielen am liebsten, wenn sie an ihnen vertrauten Orten oder in der Nähe ihres Zuhauses arbeiten. Manche achten darauf, dass ihr Arbeitsplatz ihnen Sicherheit bietet und nicht allzu stressauslösend ist. Sie lehnen Berufe ab, die ein hohes Stresslevel oder ein hohes Gefahrenpotenzial aufweisen.

Menschen mit einem gering ausgeprägten Lebensmotiv Ruhe haben keine hohe Empfindsamkeit bzw. Sensitivität gegenüber Gefahren, Risiken oder Schmerzen.

Viele gelten als mutige, ruhige und entspannte Zeitgenossen. Viele lassen sich nicht schnell aus der Ruhe bringen. Die meisten haben wenig Angst. Sie neigen nicht zu Panikattacken. Stress oder Angst erleben die meisten kaum. Viele können gut mit Stress umgehen. In Stresssituationen übertreffen sich manche selbst. Wenn sie unter Druck stehen, bewahren die meisten einen kühlen Kopf und bleiben auch dann souverän, wenn die Dinge schieflaufen. Manche ergreifen in Situationen, in denen anderen der Atem wegbleibt, eher die Initiative. Wenn Menschen mit einem gering ausgeprägten Lebensmotiv Ruhe krank sind, gehören sie zu jenen, bei denen es lange dauert, bis sie sich beklagen. Viele klagen auch selbst dann nicht über Schmerzen, wenn sie verletzt sind. Sie schätzen das Abenteuer. Viele sind eher risikobereiter und üblicherweise reizen sie Nervenkitzel, Aufregung, Wagnis und Abenteuer. Manche Menschen erleben bei dem Gedanken an eine bevorstehende Gefahr eine Art Hochgefühl, wie beispielsweise schnelles Autofahren, Ski-Abfahrtslauf oder Bergsteigen.

Viele Menschen mit einem gering ausgeprägten Lebensmotiv Ruhe sind in Höchstform, wenn Leistungserbringung unter Stress, Risiko oder Gefahr gefragt ist. Eine Karriere, die hauptsächlich auf Sicherheit und Stressvermeidung ausgerichtet ist, ist nicht das Richtige für sie.

Absolviere auch du dein persönliches Motivation Profile und entdecke deine Potenziale und Bedürfnisse beim Motiv Ruhe.

Kapitel 4: Erhöhe dein Paar-Bewusstsein anhand der 16 Lebensmotive

Die Idee, dass Kompatibilität der Schlüssel zu einer erfolgreichen Beziehung ist, ist ein altes, fest etabliertes Prinzip in der Eheberatung. Neu daran ist die Art und Weise, wie sich das System der 16 Lebensmotive zur Beurteilung der Kompatibilität zweier Menschen verwenden lässt. Bisher wurde sie anhand der Kriterien Intelligenz, Persönlichkeit, Fähigkeiten und Herkunft definiert. Im Gegensatz dazu ermöglicht das System der
16 Lebensmotive eine Einschätzung der Kompatibilität zweier Menschen aus der Perspektive der einzigartigen Motiv Profile beider Partner.

Da es 16 Lebensmotive gibt, ist es wahrscheinlich, dass zwei Partner bei einigen Bedürfnissen gut zusammenpassen und bei anderen eher inkompatibel sind.

Wie ähnlich müssen sich zwei Motivprofile sein, damit zwei Menschen glücklich sind? Es gibt eigentlich keine wirklich objektive Methode, mit der sich das bestimmen lässt, weil jedes Paar für sich selbst entscheiden muss, ob die positiven Faktoren der Beziehung die negativen Faktoren aufwiegen oder umgekehrt. Eine mögliche Betrachtungsweise ist die Fokussierung auf die fünf oder sechs Lebensmotive, die ihnen am allerwichtigsten sind. Wahrscheinlich werden sie erhebliche Kompatibilitätsprobleme mit einem Partner haben, der sich in Bezug auf zwei oder mehr dieser wichtigsten Bedürfnisse und Motive erheblich von ihrem Motivprofil unterscheidet.

Lass uns betrachten, auf welche Weise die Kompatibilität und Inkompatibilität bestimmen, ob eine Paarbeziehung zur Befriedigung der Lebensmotive eines Menschen beiträgt.

Beispiel: Paaranalyse:

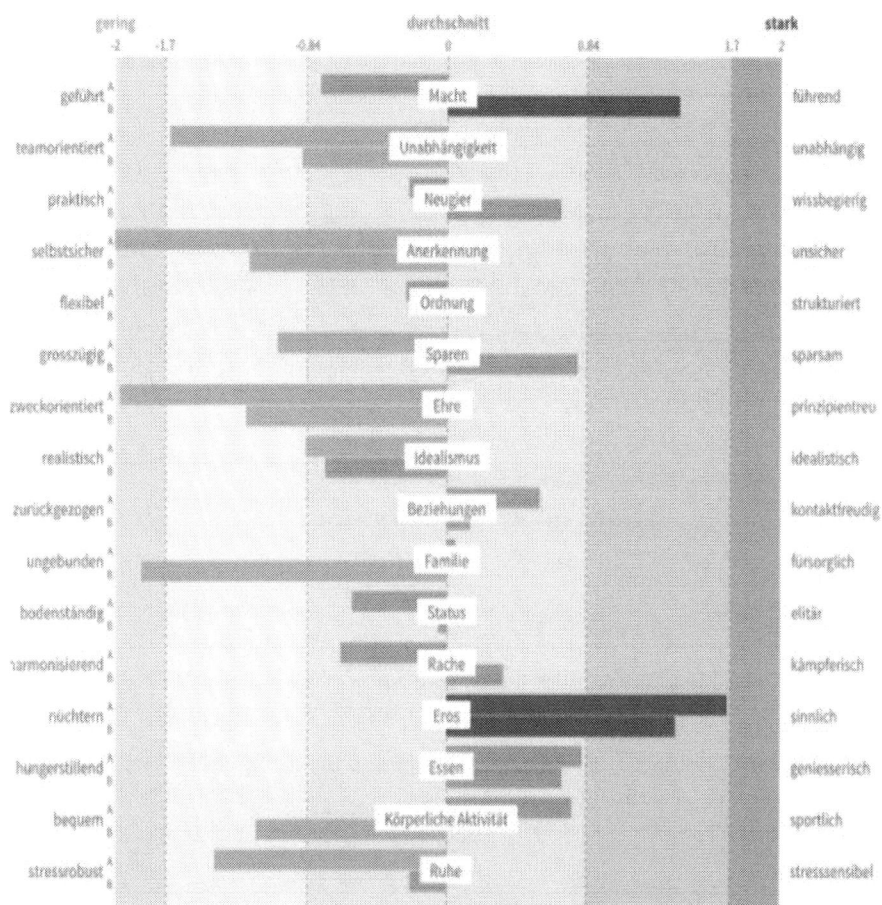

Durch das Zusammenführen der beiden Motivation Profile können Stresssituationen erkannt und gemeinsam Strategien entwickelt werden, wie man damit im täglichen Leben gut umgehen kann, so dass am Schluss beide glücklich sind.

Warum ist das Motiv **MACHT** in einer Beziehung so wichtig?

Damit du verstehst und erkennst, ob dein Partner das Bedürfnis nach Einfluss, Erfolg, Leistung und Führung anstrebt oder ob er/sie doch lieber geführt werden möchte.
Machtgehabe in der Liebe führt doch zu nichts! Oder?
Stimmt so nicht!

In einer Ehe zwischen zwei Machtmenschen sind beide Partner ehrgeizig. Sie können ihre Träume gemeinsam verfolgen und sich gegenseitig bei der Erreichung ihrer Karriereziele unterstützen. Beide sind bereit, Opfer für ihre Karriere zu erbringen, einschließlich langer Arbeitstage.

Es gibt eine Macht, die wichtig ist:
Die Macht der Ermöglichung.

Man versucht etwas zu bewegen, was man von alleine nicht gemacht hätte.
Dadurch entsteht etwas Neues, für beide.
Wenn ein ehrgeiziger Mensch einen erheblich weniger ehrgeizigen Partner heiratet, ist die Wahrscheinlichkeit größer, dass sie darüber streiten, wie viel Zeit der ehrgeizige Partner in der Arbeit verbringen darf. Der ehrgeizige Partner fühlt sich missverstanden und der nicht ehrgeizige fühlt sich vernachlässigt. Ein gutes Beispiel:
Der nicht ehrgeizige Partner möchte zu Hause ruhige Abende zusammen verbringen. Der ehrgeizige Partner, äußerst ehrgeizig und leistungsorientiert, denk ständig an die Arbeit. Als er abends immer länger im Büro bleibt und müde nach Hause kommt, um noch Zeit mit seinem Partner zu verbringen, fühlt sich dadurch der nicht ehrgeizige Partner vernachlässigt und wird missmutig.

Warum ist das Motiv **UNABHÄNGIGKEIT** in einer Beziehung so wichtig?

Viele verheiratete Menschen beschweren sich, dass ihr Partner seine Gefühle nur zögernd teilt oder bei Beziehungsgesprächen emotionale Unterstützung und Verständnis vermissen lässt. Unabhängige Menschen mögen es normalerweise nicht, von anderen Menschen abhängig zu sein. Auch emotionale Unterstützung fällt für manche unter diese Abhängigkeit. Liebe, das bedeutet Freiheit und Wachstum statt Inbesitznahme und Einschränkungen.
Wir können nur als Individuum mit einer eigenen Persönlichkeit eine gesunde Beziehung führen.
Ein unabhängiger Mensch und ein Mensch, der ständig die Nähe seines Partners braucht, sind inkompatibel. Der unabhängige Partner, der mehr Freiheit will, als der nähebedürftige Partner bieten kann, muss aus der Beziehung ausbrechen, um sich frei zu fühlen.

Warum ist das Motiv **NEUGIER** in einer Beziehung so wichtig?

Wer sich vom anderen überraschen lässt und neue Erfahrungen mit ihm/ihr zulässt, hält die Liebe lebendig. Glückliche Paare machen Entdeckungen, sie lernen den anderen immer wieder neu kennen. Lege nicht die alten Maßstäbe immer wieder an den anderen an.
Sei bei deinem Partner offen für unerwartete Einsichten.
Das Gegenteil von Liebe ist Gleichgültigkeit.
Liebe besteht zu ¾ aus NEUGIER.

Warum ist das Motiv **ANERKENNUNG** in einer Beziehung so wichtig?

Wenn beide Partner selbstsicher sind, können sie sich ohne Angst vor Kritik gegenseitig ihre tiefsten und intimsten Gedanken und Gefühle mitteilen. Eine solche Intimität erzeugt das tiefe Gefühl, dass man so angenommen wird, wie man ist.

Probleme können entstehen, wenn einer oder beide Partner ein sehr großes Bedürfnis nach Anerkennung haben. Es ergeben sich wiederkehrende Streitereien über das Ausprobieren von Neuem und Riskieren von Misserfolg.

Unsichere Menschen reagieren hochempfindlich auf Kritik. Sie kritisieren häufig ihre Partner, zum teil, um diese davon abzuhalten, sie zu kritisieren.

Ausgewogenheit kann in einer Beziehung herrschen, in der ein Partner den anderen gern unterstützt.

Beziehungsschädlich kann dagegen ein extremes bedürfnis nach Anerkennung sein. Am anderen Ende des Spektrums kann es Menschen mit einem durchschnittlichen Bedürfnis nach Anerkennung schwerfallen, einen Partner mit einem geringen Bedürfnis nach Anerkennung zu verstehen, weil er ihn für übertrieben selbstsicher hält.

Warum ist das Motiv **ORDNUNG** in einer Beziehung so wichtig?

Wenn beide Partner organisierte und strukturierte Menschen sind, werden sie die Tatsache begrüßen, dass der jeweils andere sauber und ordentlich ist. Weiterhin können sie die gemeinsame Urlaubsplanung geniessen und mit Stolz Familienrituale entwickeln.

Flexible Partner sind ebenfalls kompatibel, weil sie beide ein geringes Bedürfnis nach Ordnung haben.

Wenn eine nachlässige Person allein lebt, gibt es keine Probleme.

Probleme entstehen, wenn ein Partner nachlässig ist und der andere ordentlich. Es wird immer wieder Streitereien um Fragen der Haushaltsführung geben.

Selbst wenn der ordnungsliebende Partner das Durcheinander hasst, das der schlampige Partner verursacht, fällt diesem die Unordnung unter Umständen gar nicht auf. Ein schlampiger Mensch empfindet beispielsweise einen Stapel von schmutzigem Geschirr vielleicht bestenfalls als Bagatelle und erkennt womöglich nicht, dass dieser den ordentlichen Partner empfindlich stört. Auf der anderen Seite kann ein ordnungsliebender Mensch einen richtig gehenden "Putzfimmel" entwickeln und zu rigide in der Durchsetzung von häuslichen Regeln sein.

Diese Paare sollten eine Lösung finden, um zu verhindern, dass ihre unterschiedlichen Bedürfnisse nach Ordnung nicht immer in Streitigkeiten eskalieren.

Warum ist das Motiv **SPAREN** in einer Beziehung so wichtig?

Paare mit einem ausgeprägten Spar Bedürfnis geniessen es ein gemeinsames Vermögen aufzubauen. Sie sparen sehr für ein gemeinsames Ziel. Sie achten sehr auf ihre Ausgaben. Sie erfreuen sich einer exzellenten Finanzsituation.

Auch zwei ausgabefreudige Menschen sind zufrieden. Sie geben mehr Geld aus als sie verdienen, allerdings wirkt sich das nicht negativ auf die Beziehung aus, weil beide so sind.

Wenn zwei Menschen eine Beziehung miteinander beginnen, haben beide ihr separates Einkommen, sodass die Unterschiede in ihrem Umgang mit Geld nicht unbedingt ein Anlass für Streit sein müssen. Nach der Hochzeit hat das individuelle Spar-beziehungsweise Ausgabeverhalten eines Partners einen erheblichen Einfluss auf die finanziellen Möglichkeiten des anderen Partners. Das erste Anzeichen für Probleme tritt üblicherweise auf, wenn ein Partner ein Budget aufstellt, an das sich der andere nicht hält. Im Allgemeinen weiss der ausgabefreudige Partner nicht einmal, wie viel er ausgibt, und kauft möglicherweise Dinge, ohne sich vorher zu vergewissern, ob überhaupt genug Geld vorhanden ist, um sie zu bezahlen.

Konflikte entstehen dann, wenn ein Partner sparen und der andere Geld ausgeben will.

Es entstehen immer wieder Streitereien über das Achtgeben auf Besitz und Geld.

Wenn ein Paar ständig ums Geld streitet, muss eine Lösung gefunden werden.

Falls es dich und/oder deinen Partner interessiert, mehr über das Thema Geld zu erfahren, lade ich dich/euch herzlich ein, den Basis Finanzlehrgang zu absolvieren.

Hier könnt ihr euch den online Kurs direkt sichern und euch eine gemeinsame Basis erschaffen. Ein Fundament für eine glückliche Beziehung:

https://www.digistore24.com/redir/302583/paarberatung-schweiz/CAMPAIGNKEY

Ich selber habe diesen Finanzlehrgang ebenfalls besucht und ich kann ihn voller Überzeugung jedem empfehlen.

Warum ist das Motiv **EHRE** in einer Beziehung so wichtig?

Wenn beide Paare prinzipientreu und aufrichtig sind, ist es ihr Ziel, moralische Regeln zu befolgen. Sind beide Paare zweckorientiert, wollen sie für sich das Beste. Sie orientieren sich am eigenen Wertegerüst. Loyal zueinander zu sein wird darin deutlich, wie du zu anderen über deinen Partner sprichst. Glückliche Paare reden übereinander in Anwesenheit.

Sie sprechen im Beisein anderer Gutes über den anderen und drücken ihre Anerkennung aus.

Eine Lösung sollte gefunden werden, wenn ein Partner das Bedürfnis nach Loyalität und Prinzipien hat und der andere Partner lieber am eigenen Wertegerüst interessiert ist.

Es entstehen immer wieder Streitereien über Themen wie Ethik, Loyalität und Verantwortung.

Warum ist das Motiv **IDEALISMUS** in einer Beziehung so wichtig?

Paare können dieses Bedürfnis, gemeinsame Aktivitäten wie Diskussionen über die herrschenden gesellschaftlichen Zustände, ein gemeinschaftliches Engagement für karitative Zwecke oder einen gemeinschaftlichen Einsatz bei einer Hilfsorganisation befriedigen. Beide haben das Bedürfnis, die Welt verbessern zu wollen.

Harmonie herrscht auch, wenn beide Partner realistisch gegenüber sozialer Ungerechtigkeit sind.

Eine Lösung sollte gefunden werden, wenn ein Partner idealistisch gesinnt ist und der andere nicht. Der idealistische Partner ist an gesellschaftlichen Zuständen interessiert und der nicht idealistische Partner findet das langweilig oder als Zeitverschwendung.

Es ergeben sich wiederkehrende Streitereien über soziale Gerechtigkeit, Fairness, humanitäre Hilfe und Politik.

Beispielsweise wenn der eine Partner regelmäßig Zeitungen liest, sich alle Talkshows über gesellschaftliche Themen anschaut und ständig über Politik, Programme zur Armutsbekämpfung und verschiedene Ungerechtigkeiten sprechen möchte. Und der andere Partner interessiert sich nicht annähernd so intensiv dafür. Er verbringt seine Freizeit lieber mit anderen Dingen. Dieser Unterschied kann zu einer wachsenden Entfremdung führen.

Warum ist das Motiv **BEZIEHUNGEN** in einer Beziehung so wichtig?

Paare können ihr Bedürfnis nach Beziehungen befriedigen, indem sie Vereinen beitreten, sich zusammen mit anderen Paaren verabreden oder die Freizeit mit anderen gestalten. Wenn beide Partner ein stark ausgeprägtes Bedürfnis nach Beziehungen haben, äussert sich das oft in Abenteuerlust und Freude am gemeinsamen Spass.

Wenn beide Partner zurückhaltende Menschen sind, die selten Ausgehen oder sich mit anderen treffen, bleiben sie lieber zusammen zu Hause. Da sie in dieser Hinsicht gut zusammenpassen, gibt es keinen Stress.

Eine Lösung sollte gefunden werden, wenn die Bedürfnisse unterschiedlich sind. Der kontaktfreudige Partner möchte gerne in Gesellschaft anderer Menschen sein, wohingegen dem zurückhaltenden Partner die Partnerbeziehung als Gesellschaft ausreicht.
Es ergeben sich wiederkehrende Streitereien über das gemeinsame gesellschaftliche Leben. Beispielsweise wenn sich ein Paar ständig streitet, wie oft sie Gäste einladen sollen.
Sie hat gern viele Menschen um sich, er dagegen hasst das. Viele Beziehungen bedeutet für sie Spass, er dagegen empfindet das als Belastung. Sie merkt gar nicht, wie oft sie Gäste haben, und versteht nicht, warum ihr Mann sich darüber aufregt. Er wiederum versteht ihre mangelnde Sensibilität nicht und ärgert sich darüber, dass ständig fremde Menschen durch sein Haus marschieren, wie er es empfindet.
Dieser Unterschied kann zu einer wachsenden Entfremdung führen.

Warum ist das Motiv **FAMILIE** in einer Beziehung so wichtig?

Ein Grund zum Heiraten ist, dass die beiden Partner Kinder haben wollen. Wenn ein Paar seine Kinder so begleitet, dass sie viel Zeit mit beiden Elternteilen verbringen, wächst die Liebe zwischen beiden Partnern. Beide Partner haben ein stark ausgeprägtes Bedürfnis nach Familie. Sie sind Familienmenschen und fürsorglich für die Familie.

Wenn beide Partner einen geringen Wunsch nach Familie haben und sich von Verpflichtungen gegenüber der Familie eingeengt fühlen, möchten beide Partner frei von Fürsorgepflichten sein. Da sie in dieser Hinsicht gut zusammenpassen, gibt es keinen Stress.

Probleme können entstehen, wenn der Kinderwunsch unterschiedlich ist. Eine Lösung sollte auch gefunden werden, wenn ein Partner die Hauptverantwortung für die Kindererziehung übernimmt.
Es ergeben sich wiederkehrende Streitereien über Kinderwunsch, Erziehungsfragen und die Zeit, die man nicht zu Hause verbringt.

Warum ist das Motiv **STATUS** in einer Beziehung so wichtig?

Wenn beide Partner grossen Wert auf die Zugehörigkeit zu einer bestimmten Gesellschaftsklasse legen, können sie ihre Beziehung dazu nutzen, ihre Status Bedürfnisse zu befriedigen. Beide Partner werden bestrebt sein, in der teuersten Wohngegend zu leben, sich bestmöglich zu kleiden und die prestigeträchtigsten Automarken zu fahren. Beide legen Wert auf Reichtum.

Wenn beide Partner ein geringes Status Bedürfnis haben, sind sie weder von Reichtum noch von gesellschaftlicher Stellung beeindruckt. Sie pflegen einen bescheidenen Lebensstil und sind glücklich damit.

Stress und Probleme entstehen, wenn der eine Partner einen wesentlich höheren Status anstrebt als der andere. Es ergeben sich wiederkehrende Streitereien über das Thema Prestige.

Warum ist das Motiv **RACHE** in einer Beziehung so wichtig?

Einige Paare nutzen ihre Beziehung, um ihr Bedürfnis nach Rache zu befriedigen, indem sie bei Wettbewerben als Team auftreten. Gemeinsam nehmen sie an Turnieren teil.
Wenn beide Partner stark wettbewerbsorientiert sind, stärkt die gemeinsame Erfahrung ihre Beziehung. Wenn beide Partner ein geringes Bedürfnis nach Rache haben, sind sie motiviert, sich gegenseitig freundlich und entspannt zu behandeln.

Streit ist die am häufigsten verwendete Methode, wenn Paare ihre Beziehung dazu nutzen, ihr Bedürfnis nach Rache zu befriedigen. Wenn ein Partner das Bedürfnis hat Wut abzureagieren, sich zu messen oder einen Sieg davonzutragen, beginnt er einen Streit.
Ein streitsüchtiger Partner sucht zum Beispiel nach Anlässen für eine Auseinandersetzung, weil er das Bedürfnis nach Konkurrenz hat. Unter Umständen kritisiert er seinen Partner nicht, weil er ihn ablehnt, sondern um sein inneres Bedürfnis nach Wettbewerb und Konkurrenz zu befriedigen.
Ein gutes Beispiel ist die gescheiterte Ehe von Ike und Tina Turner. Ike war ein junger Musiker, der sich mit einer großartigen Sängerin zusammen tun musste, um Erfolg zu haben. Er und Tina bildeten eine erfolgreiche Band, verliebten sich ineinander und heirateten. Doch dann empfand Ike zunehmend Konkurrenz gegenüber Tina und reagierte eifersüchtig, wenn die Menge ihn ignorierte, ihr aber zujubelte. Nachdem er sie jahrelang körperlich misshandelt hatte, verließ sie ihn schließlich, um eine erfolgreiche Solokarriere
zu starten. Obwohl es sowohl seiner Karriere als auch seinem Privatleben schadete, dass er seine Frau misshandelte, hörte er nicht damit auf, weil Rache für ihn ein intrinsisches Motiv war.

Warum ist das Motiv **EROS** in einer Beziehung so wichtig?

Wenn Paare beginnen, miteinander auszugehen, ist alles noch neu und aufregend, auch der Sex.
Haben beide Partner ein starkes Verlangen nach Erotik und Romantik, so stärken die

sexuellen Erlebnisse die Bindung zwischen ihnen.

Haben beide Partner ein geringes Verlangen nach Erotik und Romantik, so legen beide wenig Wert auf sinnliche Aspekte des Lebens.

Probleme treten dann auf, wenn ein Partner zum Beispiel jeden Tag Sex möchte und der andere höchstens 1 mal pro Woche.

Die Person, die ein geringes Sexbedürfnis hat, könnte von ihrem Partner denken, dass er nichts anderes im Kopf hat oder sogar sexbesessen ist. Die Person, die häufig Sex möchte, empfindet ihren Partner abweisend und kalt. das kann sogar den Blickwinkel beeinflussen, aus dem beide ihre Beziehung betrachten. Der Partner, der wenig Bedürfnis nach Sex hat, denkt unter Umständen, für den anderen hänge so viel von diesem Thema ab, dass die Beziehung für ihn möglicherweise nie einen anderen Sinn hatte und daher keine gute Beziehung ist. Der Partner, der sich häufig Sex wünscht, nimmt die Zurückweisung unter Umständen persönlich oder entwickelt sogar negative Gefühle gegenüber dem Partner. In beiden Fällen ist die Beziehung gefährdet.

Paare mit erheblichen Unterschieden des Libido Befindens müssen eine Lösung finden, damit beide glücklich sind.

Warum ist das Motiv **ESSEN** in einer Beziehung so wichtig?

Romantische Abendessen sind ein häufiges Mittel, wenn es darum geht, den Wunsch nach Essen und Sinnlichkeit zu kombinieren. Fast alle Paare mit einem starken Bedürfnis nach Essen, versuchen regelmäßig gemeinsam schön, fein und gesund zu essen.

Haben beide Partner ein geringes Bedürfnis nach Essen, legen sie Wert darauf, auf schnelle und einfache Weise satt zu werden. Da beide so sind, gibt es keinen Stress zwischen ihnen.

Probleme können entstehen, wenn die Partner stark unterschiedliche Essens Bedürfnisse haben. Wenn zum Beispiel der eine Partner regelmässige, gemeinsame, romantische Essen möchte und der andere Partner möchte einfach schnell etwas Essen und sich danach lieber wieder etwas anderem widmen, kann das ein Streitpunkt sein, der geklärt werden sollte.

Warum ist das Motiv **KÖRPERLICHE AKTIVITÄT** in einer Beziehung so wichtig?

Haben beide Partner ein starkes Bedürfnis nach körperlicher Bewegung, körperlich aktiv und fit zu sein, stärkt es die Beziehung zwischen ihnen, da sie dies gemeinsam ausüben können. Lieben beide Partner wenig körperliche Aktivität und Bequemlichkeit, gibt es auch keinen Stress zwischen ihnen.

Paare mit starkem Unterschied nach körperlicher Aktivität, können sich zum Beispiel finden, indem sie gemeinsame, gemütliche Spaziergänge zusammen geniessen und der Partner mit einem starken Bedürfnis nach Sport und Fitness, dies alleine Ausübt.

Warum ist das Motiv **RUHE** in einer Beziehung so wichtig?

Menschen mit einem starken Bedürfnis nach Ruhe machen sich oft Sorgen, empfinden das Leben als stressig und anstrengend. Sie suchen Entspannung. Ruhe bedeutet für sie in diesem Zusammenhang die Abwesenheit von Angst, Stress und Sorgen.

Sehr ängstliche Menschen sind meistens für ausgeglichene Partner eine Belastung. Probleme entstehen in einer Beziehung, wenn ein Partner wesentlich ängstlicher ist als der andere. In einer guten Beziehung unterstützen sich beide Partner gegenseitig in unsicheren Situationen.

Wenn du daran interessiert bist, dein Paar-Bewusstsein zu erweitern, um deine Beziehung auf ein höheres Level zu bringen, dann trage dich jetzt direkt über diesen Link für ein kostenloses Gespräch mit mir ein und ich berate dich sehr gerne zu diesem einzigartigen Tool, dem Reiss Motivation Profile: https://calendly.com/finkreto/30min

Kapitel 5: Beziehungstipps für eine erfolgreiche Partnerschaft

WISSEN WO MAN ALS PAAR STEHT. Glückliche Paare sind ehrlich zu sich selbst. Sie tauschen ihre gegenseitigen Erwartungen aus: Wer hat welche Rolle und welche Aufgaben? Das verhindert Missverständnisse und sorgt für Klarheit über die erlebte Qualität der Beziehung. Ihr könnt zu zweit nur glücklich sein, wenn ihr euch nicht selbst betrügt. Wenn wir so tun, als sei alles eitel Sonnenschein und den Deckel draufhalten, wenn es brodelt, wird einer der Partner irgendwann überkochen. Wenn etwas in Schieflage gerät, sprich es an.

AUF DIE EIGENE WIRKUNG IM ANDEREN ACHTEN. Wenn wir genau hinsehen, wie der andere reagiert, wissen wir, was er mag und was er nicht mag. Und das können wir wiederholen. Mehr braucht es nicht, ausser deinen eigenen Grenzen. Bleib dir selbst dabei treu. Achte auch auf dich und sei auch gut zu dir.

EINANDER DEN RÜCKEN FREIHALTEN. Manchmal kommt im Leben der Sturm ganz schön waagerecht von vorne. Glückliche Paare unterstützen einander, wenn es hart auf hart kommt. Einer gibt manchmal mehr als der andere. Solange das kürzere Phasen umfasst und nicht die zeitliche Länge einer Vorabendserie hat, zeigen wir einander über unsere Unterstützung, wie viel wir einander bedeuten.

NEUES AUSPROBIEREN. Routine ist notwendig und stärkt das gegenseitige Vertrauen. Aber wenn alles wie immer ist, wird eine Beziehung langweilig. Viele gute Dinge passieren dann, wenn wir etwas riskieren. Glückliche Paare probieren regelmäßig etwas Neues aus: ein neues Gericht, einen ungewohnten Spazierweg, verändern einmal die gemeinsamen Haushaltsaufgaben, sorgen für Abwechslung bei den Freizeitaktivitäten oder reisen in eine Stadt, in der sie noch nie waren. Das belebt. Neue gemeinsame Erfahrungen schaffen darüber hinaus wieder neuen Gesprächsstoff.

SICH ÖFFNEN. Ohne das Risiko einzugehen, sich zu zeigen, wie man ist, gibt es keine Liebe. Der Partner liebt sonst eine Rolle, die du spielst, aber nicht dich. Wer sich zuMUTet, stellt Nähe her und zeigt dem anderen, dass er in die Kraft der Beziehung vertraut.

DIE EINZIGARTIGKEIT DES ANDEREN SEHEN. Glückliche Paare wissen, was den

anderen für sie so besonders macht. Und sie sagen einander regelmäßig, was den anderen unersetzbar macht mit einer besonderen **Liebeserklärung.**

SICH FÜR UND MIT DEM ANDEREN FREUEN. Konkurrenz, Neid und Eifersucht sind keine gute Basis für eine Beziehung. Glückliche Paare freuen sich, wenn es dem anderen gut geht. Das macht ihn/sie ausgeglichen und kommt der Beziehung zugute und damit auch dir.
Hast du schon einmal ausprobiert, deinem Partner für kurze Zeit gar nicht wirklich zuzuhören, sondern nur auf seine/ihre strahlenden Augen und die Begeisterung in der Stimme zu hören bis du hingerissen bist von der Freude des anderen? Lohnt sich!
Macht was. Wie frisch verliebt.

DEN MOMENT LEBEN. Wir denken zu viel und fühlen zu wenig.
Glückliche Paare nehmen wahr, was gerade ist und wie sie sich fühlen. Sie leben mehr in der Gegenwart und für den Moment. Gemeinsam die Sonne geniessen, obwohl der Abwasch noch in der Küche steht. Sich den Wind um die Nase wehen lassen, wenn es gerade draußen stürmt und dabei rote Gesichter bekommen. Eng umschlungen am Meer entlang schlendern. Das ist sich hingeben und in den Moment fallen lassen. Nur sich und den anderen spüren. Der nächste anstrengende Alltag mit neuen Herausforderungen wird noch früh genug kommen.

ZUHÖREN OHNE ZU ANTWORTEN. Wenn der Partner etwas erzählt, gib nicht gleich deine eigene Ideen dazu. Bewerte nicht. Hör einfach mal zu. Niemand öffnet sich gerne, wenn der andere sofort eine Antwort parat hat. Auch «Ja, das kenne ich», zeigt weniger Mitempfinden, als du denken könntest. Nein, du kennst das nämlich nicht. Du kennst, wie du so etwas ähnliches erlebst. Dein Partner ist ein anderes Wesen und empfindet anders. Frag lieber nach: «Wie ist es dir dabei ergangen?» oder «Wie hat sich das für dich angefühlt?»

EINANDER WINZIG KLEINE ZÄRTLICHE GESTEN SCHENKEN.
Glückliche Paare schenken einander einfach zwischendurch ein Lächeln, ein liebevolles Kompliment, einen leichten Kuss auf die Wange, einen zärtlichen Blick hinter dem Laptop hervor. Sie achten auf die zahllosen Gelegenheiten für unendlich kleine Dosen Zärtlichkeit.

DIE LIEBE FEIERN. Glückliche Paare haben Rituale. Das allein feiert bereits ihre Liebe. Und sie haben gemeinsame Feiertage: Den Hochzeitstag und den Kennenlerntag beispielsweise. Das Besondere ist, dass sie sich ganz bewusst klar machen, was sie gemeinsam geschaffen haben. Und sie reflektieren, wie ihnen das gelungen ist, was jeder dazu beigetragen hat.

UNTERSTÜTZUNG IN LIEBESDINGEN HOLEN.
«Niemand hätte jemals den Ozean überquert, wenn er die Möglichkeit gehabt hätte, bei Sturm das Schiff zu verlassen», sagte Charles F. Kettering. Glückliche Paare motivieren sich durch die Herausforderungen, die sie in der Vergangenheit bereits erfolgreich bewältigt haben. Und sie investieren in regelmässige Beziehungspflege: Sie informieren sich über Partnerschafts Themen und nutzen die Paarberatung so, wie sie auch ihr Auto zur Wartung in die Inspektion bringen oder Vorsorgeuntersuchungen beim Arzt in Anspruch nehmen.

Damit haben glückliche Paare so manche Ehekrise verhindern und ihre Beziehung retten können, denn früh ist es leicht.

Erreiche ein höheres Paar-Bewusstsein und bringe deine Beziehung auf ein höheres Level Hier kannst du gleich einen Termin reservieren für ein kostenloses Gespräch mit mir über dieses einzigartige Tool, das Motivation Profile: https://calendly.com/finkreto/30min

DER VERSUCHUNG DER GEWISSHEIT WIDERSTEHEN: ES KÖNNTE AUCH GANZ ANDERS SEIN. «Liebe ist… wenn wir den anderen wohlwollend interpretieren», sagt Rolf Arnold. Glückliche Paare gehen von den guten Absichten des anderen aus. Auch wenn das Verhalten des Partners sie irritiert. Unterstelle dem anderen nicht sofort eine böse Absicht, wenn er ungehalten reagiert oder mal kurz angebunden ist. Überlege einmal, ob es nicht auch andere Gründe für das Verhalten gibt. Es könnte auch ganz anders sein, und vor allem, nicht alles hat mit dir zu tun.

DEN ANDEREN SO LASSEN KÖNNEN, WIE ER IST. Glückliche Paare erleben Partnerschaft als Entwicklungsaufgabe, wie Virginia Satir es so schön beschreibt: »Die Menschen treten in Beziehung zueinander auf der Grundlage ihrer Gemeinsamkeiten und sie wachsen aufgrund ihrer Verschiedenartigkeit.«

VORWÜRFE IN WÜNSCHE VERWANDELN. Das ist die VW-Regel: Statt den anderen unangenehm zu kritisieren oder zu konfrontieren, ihm also Vorwürfe zu machen, äussern die Partner einen Wunsch an den anderen. Glückliche Paare wissen, wie sie Kritik am anderen äußern können: Sie bitten einander um das, was ihnen wichtig ist und was sie brauchen.

ZUR TEILHABE AM LEBEN EINLADEN. Vielleicht machst du das bereits: den Partner an deinem Lebensalltag teilhaben lassen?

Glückliche Paare rufen einander in der Mittagspause täglich an, um sich zu erzählen, was gerade bei ihnen so los ist. Andere schreiben eine Nachricht oder schicken sich ein Foto über das Smartphone.

WISSEN, AUF WELCHE ART MAN DEN PARTNER WERTSCHÄTZEN KANN. Glückliche Paare kennen die 5 Sprachen der Liebe und können dem anderen auf die Weise ihre Liebe zeigen, wie es der andere gerne mag, denn das ist bei uns Menschen ganz schön unterschiedlich: einer legt Wert auf Anerkennung, andere eher auf Zweisamkeit, Geschenke, Hilfsbereitschaft oder Zärtlichkeiten.

AKZEPTIEREN, DASS DER ANDERE AN MANCHEN TAGEN EINFACH NUR DA IST, MEHR NICHT. Denn manchmal ist der andere das Beste, was einem passieren konnte. Dann wissen wir, dass wir miteinander zusammen alt werden wollen. Und es gibt Tage, da ist der andere einfach nur anwesend. Punkt. Akzeptiert.

Glückliche Paare wissen, dass das kein Dauerzustand ist und wenn, dann sprechen sie den Partner darauf an.

UNTERSCHEIDE LIEBE, VERLIEBTHEIT UND LUST. Das kann kein anderer so schön sagen wie Richard David Precht: »Es gibt ja jedes davon auch ohne das andere! Lust,

Verliebtheit und Liebe bauen nicht aufeinander auf. Zwar können sie sich für uns im Verhältnis zum geliebten Menschen überschneiden, tun es aber nicht immer und meist auch nicht für lange!»

EINANDER RAUM LASSEN. Freiheiten schenken. Die Liebe ist keine Zwangsjacke und auferlegte Gemeinschaft engt ein. Paare, die einander ein Eigenleben zugestehen, sind nicht nur miteinander glücklicher und können sich gegenseitig anregen, sondern können auch jeder für sich die kleinen Auszeiten genießen.

GENIESSEN WAS IST. Klar, glückliche Paare pflegen ihre Beziehung und wachsen darin und auch aneinander. Aber sie wissen auch sehr genau, dass die Liebe nicht ein Leben lang ein Himmel voller Geigen ist. Sie bleiben realistisch. Legen die Messlatte nicht zu hoch an. Nicht an ihren Partner und auch nicht an die Beziehung. Liebe ist kein Wettkampf um Höhen und Weiten, wir sind ja nicht bei der Leichtathletik. Glückliche Paare geraten in kein Sportler-Burnout. Sie wissen, wann gut, gut genug ist.

DEN ANDEREN NICHT FÜR DIE EIGENEN GEFÜHLE VERANTWORTLICH MACHEN. Ob es dir gut geht mit dem, was der andere macht oder nicht macht, ist nicht immer der Grund dafür, warum er oder sie sich so verhält. Auch wenn ihr ein Paar seid, darf und sollte jeder für sich sorgen. Du bist nicht die Ursache von allem und dein Partner auch nicht. Die Dinge liegen immer nur zwischen euch und haben mehr mit dem Partner selbst zu tun, als mit dir.

DEN PARTNER NUR MIT IHM SELBST VERGLEICHEN. Glückliche Paare sehen, dass der andere mutig ist, wächst und sich weiterentwickelt. Sie vergleichen ihn mit seinem Selbst aus der Vergangenheit, aber nicht mit anderen Menschen. Mit anderen Partnern ist das Leben nur anders, meist nicht besser.

VISIONEN HABEN. Wer keine Richtung hat, kommt überall an. Sich treiben lassen kann schön sein. Glücklichen Paaren ist es wichtig, dass sie gemeinsam in dieselbe Richtung schauen. So verlieren sie einander nicht aus den Augen.

AUFEINANDER ZUGEHEN. Entschuldigen und Verzeihen, darauf sind wir in einer festen Beziehung angewiesen wie auf (fast) nichts anderes. Es hilft, zu erkennen, dass es uns da nicht anders geht als dem Partner auch. Und Verzeihen heisst nicht, dass das, was geschehen ist, weg ist, sondern dass wir uns von dem befreien, was daran weh getan hat. Tatsächlich können wir gar nicht loslassen, sondern nur zulassen was war und das was ist.

DEM ANDEREN INS AUGE SEHEN. Glückliche Paare sehen auch in verweinte Augen oder ängstlich aufgerissene Augen. Sie sehen einen müden Blick, einen, der ins Leere schaut. Wo wir nicht hingucken, wachsen die Probleme, sie gehen nicht von alleine weg. Nur das, was wir angehen, können wir verändern. Das wiederkehrende Glas Alkohol zu viel, das leere Bankkonto, der Rückzug, die Anspannung in den Worten, etc. Glückliche Paare sehen darin Anlässe, den anderen anzusprechen, ihn/sie zu fragen, zuzuhören.

DIE EIGENEN BEDÜRFNISSE KENNEN. Wenn wir in unserer Beziehung glücklich sein wollen, müssen wir uns selbst ernst nehmen.

Wie das geht? Indem du dir klar machst, was für dich selbst und innerhalb deiner Beziehung wichtig ist und was du brauchst. Dann kannst du auch darauf achten, ob du es bekommst. Damit übernimmst du Verantwortung für deine Zufriedenheit in der Partnerschaft.

Kennst du deine eigenen Bedürfnisse?

Das Reiss Motivation Profile bietet dir die Möglichkeit, diese zu entdecken und auszuleben. Hier kannst du dir direkt einen Termin für ein kostenloses Gespräch mit mir sichern, in dem du alles über dieses einzigartige Tool erfahren wirst: https://calendly.com/finkreto/30min

Kapitel 6: Weitere Potenziale des Reiss Motivation Profile für nachhaltigen Erfolg

Teamentwicklung mit dem Motivation Profile

Das Motivation Profile bietet umsetzungsrelevante Hinweise für Teamentwicklungsprozesse. Es bietet die Möglichkeit, die individuellen Bedürfnisse von jedem einzelnen zu vergleichen und daraus Optimierungen im Team vorzunehmen. Wenn dich das Potenzial in der Teamentwicklung mit dem Reiss Motivation Profile mehr interessiert, dann schreibe mir gerne eine E-Mail an: fink@paarbewusstsein.ch

Mehr Zeit fürs Glück: Raus aus dem Stress und rein in den Flow mit den 16 Lebensmotiven

Unsere Lebenszeit ist das wertvollste das wir haben. Doch anstatt sie für unsere Lebenszufriedenheit zu nutzen, leiden wir sehr oft unter Stress, Angst und Hektik. Die 16 Lebensmotive können dich dabei unterstützen, zwischen Arbeit und Freizeit, Familie und Hobbys und Erfolg und Entspannung eine ganz persönliche Balance zu finden. Erschaffe dir Freiräume für dein eigenes Glück, um deine Träume Leben zu können.

Wenn dich das Potenzial der Stressbewältigung mit dem Ress Motivation Profile mehr interessiert, dann schreibe mir gerne eine E-Mail an: fink@paarbewusstsein.ch

Motivorientierte Karriereberatung und Recruiting

Das Reiss Motivation Profile eignet sich sehr gut für die Karriereberatung. Ein erfahrener RMP-Master kann Menschen potenziell passende Jobs aufzeigen.
Dieses einzigartige Tool hilft Menschen dabei ein Bewusstsein zu bekommen, für ihre ganz persönlichen Stärken und der Vorstellung, wie und wo sie diese beruflich am besten einsetzen können. Es hilft auch Unternehmen, sich für den besten Bewerber mit der richtigen Qualifikation entscheiden zu können.
Möchtest du gerne mehr erfahren über das Potenzial des Reiss Motivation Profile in der motivorientierten Karriereberatung und Recruiting?
Dann schreibe mir gerne eine E-Mail an: fink@paarbewusstsein.ch

Führungskräfte Beratung mit dem Reiss Motivation Profile

Führungskräfte, die verstehen, wie sie sich selbst verhalten, die die Bedürfnisse ihrer Mitarbeiter kennen, schaffen sich erfolgreiche Mitarbeiter und machen sich damit selbst erfolgreicher. Weniger Krankenstand und weniger Konflikte sind der Lohn dafür.

Beifolgenden Beispielen kann das Reiss Motivation Profile für Führungskräfte behilflich sein:

- Leistungsschwankungen minimieren
- Mitarbeiter setzt vereinbarte Themen nicht um
- Mitarbeiter haben Angst
- Leistungsgrenze des Mitarbeiters erweitern
- Emotionen der Mitarbeiter in der Führung berücksichtigen
- Krankheitsbedingte Ausfälle reduzieren
- Träge Prozesse optimieren
- Mitarbeiter mit Perfektionsdrang

Das Reiss Motivation Profile bietet der Führungskraft einen schnellen Zugang zu den Motiven und ermöglicht einen individuellen Zugang zu den Mitarbeitern.
Möchtest du mehr darüber erfahren? Dann schreibe mir gerne eine E-Mail an fink@paarbewusstsein.ch

Kapitel 7: Über Mich

Mein Name ist Reto Fink, ich bin 43 Jahre alt, verheiratet und habe mit meiner Frau 2 wundervolle Kinder. Ich begleite Menschen dabei, erfüllende Beziehungen zu führen, mit sich selbst und mit ihrem Partner. Die Schwerpunkte meiner Arbeit sind Themen rund um Beziehungen, Partnerschaften und Persönlichkeitsentwicklung. Als Grundlage arbeite ich mit dem Motivationsprofile von Dr. Reiss.
Mein Antrieb für meine Arbeit liegt darin, Menschen darin zu unterstützen, ihr Potenzial zu entfalten und ein glückliches Leben zu führen.

«Hätte ich mal...», was glaubst du, wie oft ich diesen Satz zu mir selbst gesagt habe?
Dabei hatte ich eigentlich von außen betrachtet fast alles. Dachte ich. Im Innern war ich aber nicht glücklich. Ich lebte nicht ein Leben nach meinen Bedürfnissen, sondern nach den Bedürfnissen der andern und das machte mich krank. Ich bemerkte es allerdings nicht, weil ich vom Alltagsstress aufgefressen wurde.

Als ich Rückenprobleme bekam und 2 Jahre nicht arbeiten konnte und dadurch auch noch meine Arbeitsstelle verlor, wurde mein Leben auf eine Probe gestellt. Ich hatte viel Zeit, über mich selber, mein Leben, meine Wünsche und Träume nachzudenken. Also beschloss ich, mein Leben selbst in die Hand zu nehmen und endlich mein Ding zu machen.

Durch das Reiss Motivation Profile, welches ich dann genutzt habe, lernte ich mich viel besser kennen, meine versteckten Potenziale kamen zum Vorschein und ich kann diese heute auch ausleben. So lebe ich nun viel bewusster und nach meinen Bedürfnissen.

Ich habe mich dann zum RMP-Master ausbilden lassen, weil ich begeistert, fasziniert und überzeugt von diesem einzigartigen Tool bin. Durch dieses Studium habe ich mich auf die Motivanalyse spezialisieren können und das ermöglichte mir Lizenzpartner beim Verein der zwei Herzen zu werden. Es ist für mich eine Herzensangelegenheit, Menschen auf dem Weg zu ihren wahren Bestimmungen zu begleiten.

Warum ich das mache?
Wusstest du, dass die meisten Menschen eigentlich ein Leben führen, das gar nicht zu ihnen passt? Ich habe auch diese Erfahrung gemacht, um danach meinen Weg zu finden.
Aber schliesslich muss nicht jeder so einen langen Umweg laufen wie ich. Wenn du die richtigen Werkzeuge zur Verfügung hast, kannst du frühzeitig beginnen, deine Träume zu leben.

Fazit

Mit deinem persönlichen Motivation Profile bist du in der Lage nach deinen Werten, Bedürfnissen, Zielen und Träumen zu leben. Durch dieses Ausleben deiner Einzigartigkeit hast du eine höhere Lebenszufriedenheit in voller Liebe zu dir selbst und zu deinem Partner. Und so bist du auf dem besten Weg, eine entspannte, harmonische und glückliche Beziehung zu leben. Dadurch wirst du und die Beziehung zu deinem Partner belastbar und voller Widerstandskraft. Durch diese Resilienz meistert ihr jede Herausforderung in der Partnerschaft.

Mein Angebot an dich/euch

- Beratungsgespräche über Zoom inklusive persönlichem Motivationsprofil (30 seitiges Auswertung Dossier im PDF)

Ablauf:

- Kontaktaufnahme: https://paarberatung-schweiz.ch
- Link für Fragebogen per Mailversand
- Ausfüllen des Fragebogens
- Auswertungsgespräch über Zoom

Entscheide dich jetzt wieder mit voller Energie und Enthusiasmus durchs Leben zu laufen. Wenn dir dein ICH stärker bewusst ist, kannst du Entscheidungen treffen, die erfüllender sind, die zu einem sinnvollen Leben und zu einer harmonischen, entspannten und glücklichen Beziehung führen.

Sichere dir hier deinen Termin für ein kostenloses Gespräch und wir können alles zusammen besprechen: https://calendly.com/finkreto/30min

Dein Feedback ist mir wichtig

Dein Feedback ist für mich entscheidend, denn damit entwickle ich meine Strategie ständig weiter.

Du möchtest etwas loswerden? Dann schreib mir gerne per E-Mail.
Bitte auch mit konstruktiver Kritik, damit ich mich weiter verbessern kann.
Verwende dazu folgende Email Adresse: fink@paarbewusstsein.ch

Ich freue mich auf deine Nachricht!

Dir hat dieses Kindle einen Wert gebracht und die Sicht auf eine harmonische, entspannte und glückliche Beziehung vereinfacht? Du hast jetzt einen klaren Fahrplan für das Erreichen eines erfüllten Lebens?

Teile deine Meinung mit anderen Interessenten und hilf mir, bei meiner Aufgabe, den Menschen ihre Potenziale aufzuzeigen, damit sie für sich und ihre Partnerschaft ein erfülltes Leben führen können. Ich freue mich auf eine positive Bewertung.

Empfehle dieses Wissenswerk gerne an deine Freunde.

Ich bedanke mich bei dir, dass du dieses E-Book bis zum Schluss durchgelesen hast. Das bedeutet für mich sehr viel. Ich wünsche dir viel Mut, Kraft und Ausdauer, damit du deinen Weg findest und ein erfülltes Leben führen kannst, ein Leben in einer glücklichen, harmonischen und entspannten Beziehung zu dir selbst und anderen.

Copyright

Impressum

Copyright © 2021- Reto Fink, Erstauflage: April 2021
Autor: Reto Fink
Texte: Copyright © Reto Fink
Texte zur Wissenschaftlichkeit und Beschreibung der Lebensmotive aus dem Handbuch
The Reiss Motivation Profile, www.rmp-swiss.ch, Copyright © IDS Publishing Corporation, 868
Cherryfield Avenue, Columbus, OH 43235, USA
Umschlaggestaltung: Copyright © Reto Fink
Verlag und Druck: Tredition GmbH, Halenreie 40-44, 22359 Hamburg
Paperback ISBN: 978-3-347-31278-4
Hardcover ISBN: 978-3-347-31279-1
e-Book ISBN :   978-3-347-31280-7

Zeitfracht Medien GmbH
Ferdinand-Jühlke-Straße 7
99095 Erfurt, Deutschland
produktsicherheit@kolibri360.de